JN086249

保育ナビ
ブック

対話でほぐす　対話でつくる

明日からの
保育チームづくり

青山 誠（上町しぜんの国保育園）

久保健太（関東学院大学）

はじめに

　保育の話を人間の話として語りたい。私と青山 誠さんは、そのような思いで、3年間の連載（2017年から2019年）を続けてきました。この単行本は、『保育ナビ』誌における、その連載を再構成したものです。

　私が言うまでもなく、保育という営みは人間の営みそのものです。保育の中には、笑いがあり、涙があり、すれ違いがあり、仲直りがあります。その一つひとつが非常に、人間らしい出来事です。

　そうした「人間らしさ」の中に、子どもと保育者の「育ち」があり、「学び」があります。私と青山さんは、「育ち」や「学び」を大事にしたいからこそ、その元になっている「人間らしさ」を確かめておきたいと考えました。

　3年間かけてわかったのは、「人間らしさ」の中には、笑いだけでなく、涙もあるという当たり前のことでした。

　本当は一緒にいたいだけなのに、意地を張ってぶつかり合って、だけど、それだと悔しいから、思いを伝えて、仲直りする（しないときだってある）。そういった姿こそ、人間らしさなのだということを、時間をかけて、丁寧に再確認しました。

　連載の最中に、青山さんは園長になりました。そうした事情もあって、この本は、子どもに限らず、おとなも含めた「学び合う人間たち」の姿を書いたチーム論の本にもなりました。

　すれ違っては、ズレを直して、生きていく。壊れては直す。その繰り返しの中で、チームの壊れやすさを確かめつつ、丈夫さも育てていく。その点は、子どもとおとなに大きな違いはありません。

　そのような思いで作った本ですので、この本には「保育の言葉」と同じくらい「人間の言葉」があふれています。保育の話をしながら、人間の話をしています（とくに異分野の方に登場していただいた3章）。この本に登場する言葉たちが、みなさんの役に立てば幸せです。とくに、みなさんが保育者である以前に、1人の人間として大事にしたいことを確かめ直す。そのお供に活用していただければ、幸いです。

2020年8月　　　　　　　　　　　　　　　　　久保健太

もくじ

対話でほぐす 対話でつくる
明日からの保育チームづくり

さあ、対話をめぐる冒険の始まり始まり……。

「保育の話を人間の話として語りたい」
保育者・青山 誠  と養成校教員・久保健太 が
様々な人たちとの対話を通して考えていきます。

わからないことは、もやもやするわからなさをそのままに
おもしろがって　煮詰めていくことで
見えてくるものがある──。

対話でほぐす、対話でつくる　保育チームづくり。

1章

対話とは何か
～子どもたちの対話から問い直す

この章では子どもたちのミーティング（対話の時間）から見えてくる対話の風景を紐解いてみます。この本は保育者である僕と、研究者である久保さんが、保育関係者や異業種のおとなたちと対話をしていく構成になっていて、子どもたちは登場しません。ただそのおとなたちの対話は「保育」や「子ども」を常にまなざしています。そうした意味で子どもたちの対話から見えてくる「対話とは何か」はこの本の中心的なテーマでもあります。

（青山 誠）

ミーティングから見えてくる対話の風景

日々の子どもたちの対話から
対話とは何かを探る

対話とは何か。そんな根本的な問いをもって、子どもたちの対話にふれてみたときに、見えてくるものがあります。私たちおとなは、他者に、そして自分にどう対峙すればよいのか、そんなことを考えていきます。

（執筆：青山 誠）

▌対話とは何か？

対話って何かの役に立つのでしょうか。「対話的な……」と聞くと、なにか新しい教育観だったり、やわらかで前向きでサスティナブルでオルタナティブな人間関係の匂いがします。でも考えてみると自分で決めたほうが早いし、対話なんかしないほうが意見の異なる人と揉めることもなさそう。そもそも役に立つから、みんな対話的な振る舞いを選ぶのでしょうか。それとも本当は面倒くさいなと感じていても、対話的なほうがポジティブで生産的な人間関係のような気がするから選ぶのでしょうか。教育においても人間関係でも、対話的なほうが「望ましい」気がするから？

ただまたちょっと考えてみると、こうしたことをつらつら考えるのは対話に身を置いていないときです。実際には私たちはいつの間にか唐突に、対話にひきずり込まれています。対話の中に既に生きているときは「役に立つから」「望ましいから」などと選択的に振る舞うことはもはやできないのです。対話とは気がついたら既に始まり、いつの間にかその渦の中心に他者と共に差し向かいで立っているような状況ではないでしょうか。

僕個人を振り返っても、偏屈で、人にそんなに簡単に理解されたくないし、人にもそれほど強い興味があるわけでもありません。そのためかあまり人間関係もサスティナブルではなく、できれば1人で考えていたいし、口癖は「面倒くさいな、もう」。では、僕が対話的な関係に生きないかというとそんなこともないのです。どんなに向いていなくても、望んでいなくても、僕は対話的な関係から逃れられない。だから僕にとっては対話の手法よりもそこにいかに生きるかということのほうが重要な問いになるのかもしれない。この本を書き始めながらぼんやりと感じています。

▌子どもたちは
対話的な関係を生きている

子どもたちは既にそのような対話的な関係を生きています。

こんな場面を目にしました。1歳の子が3人でビスケットを食べています。キヨシくんがビスケットをもぐもぐ食べる。もう1つ食べる。もう1つ……食べようとして、ふと横にいるヒロシくんに気づき、ビスケットを差し出す。「これ、いる？」という感じで。ヒロシくんは差し

子どもたちの対話ってすごい!!

ビスケットの贈与、応答
子どもたちは対話的な関係を
生きています

**子どもたちの
ミーティング**

ミーティングはいわば
「おつきあい」
日々の溶け合って暮ら
すような関係があるか
ら付き合えるのです

**全身全霊で
自分と他者に出会う**

子どもたちはいまを生きています
自分ならどうするのか、したいの
か、できるのか
答えは1つではなく、正解もあり
ませんが、対話の中でお互いが
他者として出会いながら、自分に
出会っていきます

出されたビスケットをじっと見て、「ううん、いらない」という具合に首を振る。ヒロシくんは自分でビスケットをつまんで食べます。もう1つ食べる。もう1つ……食べようとして、横にいるタカシくんに気づきます。そしてビスケットを差し出す。タカシくんはビスケットを見て「いらない」という具合に首を振って笑います。

　名前は仮名ですが実際に園であった光景です。この贈与、この応答、この存在の混ざり合いと個々人への分かれ。いろんな観点で語れそうですが、子どもたちは既に対話的な関係の中で生きています。対話とは選びようもなく唐突に起こる出会いであり、その出会いを通してその時々に何かが起こってくる状況そのものです。対話というと言葉のやり取りをイメージしますが対話的な関係は言葉以前に広がっています。サークルタイム、子ども哲学、ミーティング、p4c注、名前や手法はどうであれ、対話手法をしているから子どもたちが対話的な関係になるわけではなくて、そもそも子どもたちが対話的な関係を生きているから、様々な方法でその関係を際立たせていけるのです。

子どもたちのミーティング　とうもろこしのひげ茶作りより

　ただ、対話において言葉はやはり重要な役割を果たします。ある日の5歳児のミーティングでのこと。その日の話題は、はるとくんがとうもろこしのひげ茶を作りたいのだが、だれか一緒にやらないかというもの。「一緒にやってくれる人？」と保育者が聞くと、数人の手が挙がりました。しかしそもそも「とうもろこしのひげ茶を作る」というのがどういうことなのか、私にもわからないので子どもたちに聞いてみると「かんそう（乾燥）させる」とのこと。「乾燥って何？」と聞くと「かわかすこと」だそうです。それでみんなでとうもろこしのひげを触ってみ

　注：子どものための哲学（philosophy for children）

ました。確かにしっとり湿っています。

「乾かすってどうやるの」とさらに子どもたちに聞いてみました。

「おひさまでかわかすこと」

「洗濯物干すみたいなことね」

「コンブもさ、うみではぐにゃぐにゃなんだよ、でもかわかすとかたくなるでしょ」

「でも最近雨ばっかりで（梅雨だったので）、お日様いないじゃん、乾かせないじゃん」

陽の光以外で、とうもろこしのひげを乾かす方法があるのか聞いてみました。

「ひかり（電球）にあてる」

「レンジでチン」「オーブンもいいんじゃない？」

「かぜにあてる」

「たきびにあてる」「たきびでもえないように、てつのなべにいれる」

そこで改めて子どもたちに聞いてみました。「なるほどこれが『とうもろこしのひげ茶を作る』ってことなんだね、じゃあこれをはるとくんと一緒にやってみたい人？」。

「とうもろこしのひげ茶を作る」。これは言葉だけでわかったような気がします。でも実際にはそれってどういうことでしょう。「乾燥」という言葉も子どもの口から出てきました。でもそれってどういうことでしょうか。「陽の光で乾かすこと」、でもそれって天気悪いときどうするの？思考を言葉で表現するのですが言葉はつい思考を追い越してしまい、いつしか思考を奪ってしまいます。それをまた言葉によって掘り起こしていく。いわば言葉で言葉の表層を剥ぎ取っていくのです。

　ミーティングは一斉活動として行っています。いわば「おつきあい」です。お茶を一緒に作ってくれる人を募りたい、それは最初、はるとくんだけの事情であり、みんながとりあえず耳を傾け、おつきあいしているわけです。なんで付き合えるかというとミーティング以外のところで、彼らがビスケットの贈与、応答のように、溶け合って暮らしているからです。鬼ごっこをしたり、水に足をつけて「つめてー！」と顔を見合わせたり、隣で息遣いを聞きながら昼寝をしたり。だか

ら付き合えるわけです。そこから思考を言葉で剥ぎ取っていくと、それぞれの個が際立ってきます。とうもろこしのひげ茶は世間話レベルですが、それでも個の思考を際立たせようとしていることに変わりはありません。

対話の中で全身全霊で自分と他者に出会う

　もう１つ別の話。近くの児童館に遊びに行ったそうすけが顔を曇らせて帰って

きました。ミーティングで話を聞きます。体育館を使う順番を待っていたらしいのですが、後から遊びに来た小学生に抜かされたとのこと。でもそうすけが怒っているのは小学生にではなく児童館のおとな。体育館使わせてと言ったら、「いま使っている子たちがいるから30分待って」と言われて待っていたそうです。30分後に行ったら「いま来た子たちが予約表に書いちゃったからあと30分待って」と言われたそうです。「よやくとかしらなかったから、わからなかった」。そうすけの怒りはもっともです。ほかの子た

ちに聞いてみます。こういうとき、自分ならどうするか。相手は見知らぬおとなです。でも怒りもあります。

「なく」「バカっていう」「おこる」「あきらめる」「ほいくえんのおとなにそうだんする」「かえってからママにいやなきもちをはなす」。いろいろです。

それぞれの言葉を聞いた後にそうすけに聞いてみました。するとそうすけは言いました。

「なんでぬかしちゃったんですかっていいにいく」

「自分で言うんだよ、一緒に付いては行くけど」

「じぶんでいえる」

そこでぞろぞろ児童館に行きました。そうすけが受付に行きました。

「なんでぬかしちゃったんですか」

受付の方はきょとんとしていたので僕から説明。「予約が必要なんです」「それを説明してほしかったみたい」。まあ押し問答で終わりました。しかし児童館を

出るときのそうすけの顔は晴れ晴れとしていました。

　ある状況に立たされたとき、自分ならどうするのか、したいのか、できるのか。答えは1つではないし、正解もありません。対話の中でお互いが他者として出会いながら、自分に出会っていくのです。そこに言葉があらわれてきます。こんな驚くべきことを子どもたちは日常的に行っています。

　おとなはなかなかここまでいかない。なぜか。対話が自分と他者への出会いであるためには全身全霊を要求するからです。それは「頑張る」ということではなく、その時々に生きるということです。おとなは生きるよりも生き続けることに日々重点を置いています。生き続けるためにどんな振る舞いが必要で、どんなポジションが望ましくて、どのくらいお金が必要なのか。

　ところが子どもたちはいまを生きています。だからこそ唐突に巻き起こる対話の中でも、全身全霊で自分と他者とに出会っていけるのです。その子どもたちの姿に私たちは驚き、畏れもしますが、生きることへの復権を望みもするのです。

2章

チームで
保育をほぐす
～中間層との対話から同僚性を問う

2章の元になったのは、2018年1月に白梅学園大学の松永静子ゼミ（当時）で行われた青山さん、西井宏之さん、鈴木秀弘さん、久保と松永ゼミの学生との座談会です。どういう思いをもって日々の保育をしているのか。その点を、同世代の保育者同士で語り合いました。ですので、学生を意識しつつ、同世代の仲間に向けた語り口になっています。おもしろいことに、西井さん、鈴木さんの口からは、子どもの話と同じくらい、おとな同士のかかわり合いの話が出てきました。

(久保健太)

同僚性を問う①

新人、ベテラン

1年目には1年目の良さや拙さがあり、ベテランにはベテランの良さや危うさがあります。新人、ベテランというのはその人の状況にすぎません。異なる状況にある人同士が対話しながら保育するにはどうしたらいいのでしょうか。　（話題提供：青山 誠）

初めて園に勤めるとき
違和感が生まれるのは自然

　養成校を卒業して保育者になる人の場合、その園が新設園でもない限り、以前から流れている園の時間や空間の中に、いきなり自分がポンと入ることになるんです。そこでは、先輩たちのやってきたことへのリスペクトもあるけれど、その園の行事、言葉かけ、環境設定などのやり方に対して、どうしてこれはこうなっているのだろうと、違和感をもつかもしれません。

　それで、そこで働いている人たちと対話をしていこうとしたら、結構いろいろなことが起きてくるでしょう。大変なことも起こると思いますし、もちろんその先におもしろいこともたくさん起こると思います。

保育の中での対話は
状況によって変わる

　僕が28歳で「りんごの木」注に入ったとき、ほかの保育者は一回り上の年代でした。動きや言葉遣いについて、一つひとつ立ち止まって考えさせられました。本を作るという名目で、代表の柴田愛子

さんに対談を申し込んだり、実践を書き溜めて発表したり。自分なりにすごく取っ組み合いをしていましたね。つまり教えられながらも自分の保育を自分でつかもうとしていました。

　保育の中の対話は、保育者の年齢構成や経験年数、どれくらい一緒に保育しているかなど、チームの状況によって変わります。子どもって心が動けば体も動くものだから、それに対して保育者も動的にかかわります。子どもの動き、同僚の保育者の動きを見て動き合っていくものです。

　りんごの木では経験年数も豊富で、一緒に長い間保育をしてきたチームでしたので、こうした動き合いができていました。もしいま僕が、保育者1年目の人と組むなら、自分の意図を細かく言葉にして伝えると思います。

　「いま、こうだから、こっちに行くね」とか、「あの子がああなっているから、ちょっとそこに行ってもらってもいいかな？」とか、状況理解と動きの意図を言葉にしていく。

　しかし保育者間の動き合いもコミュニケーションもなく、子どもに合わせて動くのが面倒となると、保育者が一か所から動かず、その点を中心に子どもがいる

青山 誠
1976年生まれ。幼稚園、保育園勤務を経て「りんごの木」へ入職。2019年より社会福祉法人東香会上町しぜんの国保育園園長。

という保育になってきます。「点」での保育がすべて悪いわけではないけれど、それが管理的な方向に行き、本来動的なものである子どもや保育の状況を固定化してしまうならば問題です。

新人も物怖じすることなく 周りとかかわり合う保育を

保育の中での対話は状況によって変わりますが、子どもの姿をもとにしてという軸は変わりません。新人であること、ベテランであることは、状況にすぎません。1年目のときには、1年目だからとか経験がないからと思うだろうけれど、保育にはいろいろな局面があり、1年目には1年目の良さや拙さがあるのです。同じように、ベテランにもベテランの良さや危うさがあるだけです。年齢が高くなれば全部プラスになるわけでもありません。

だから、これから保育者になろうとする人が、就職して初めて園に入ったときにも、全然物怖じすることはないんだと思います。「わからない」ということはある意味最強です。だって、どんどん向上していくのみなのですから。

状況によっていろいろ課題は変わって

いきますが、僕自身のことを振り返れば、常に周りとのかかわり合いの中で保育をしてきたように感じています。

対話でチームをほぐすヒント

■園の保育について話し合いたい！ でもなかなか新人からは言い出しにくいかも？ そんなときは「保育」（かかわりとか環境とか活動）の話ではなく、「子ども」をポイントに話してみるといいかも。

■○○ちゃん、こんな遊びしてたよ、○○くんはこんなこと言ってたよ！ まずは子どもの姿を見つけ、伝え合うことから始めてみてはどうでしょう。

同僚性を問う②
歴史の中で、本質に気づく

園の文化はとても大切なものです。一方で年数が経つうちに文化の中に込められた
ストーリーが伝わらず、行事や活動が形骸化してしまうことも。行事や活動のあり
方を話し合うことで、園の文化に対しても改めて理解を深め、新しく再生させるこ
とができるかもしれません。

（話題提供：西井宏之）

名門幼稚園の保育のあり方を改めて見直したタイミング

僕は、白梅学園大学附属白梅幼稚園に勤務して、12年ほど経ちます。創立約70年になり、1969年に白梅学園短期大学の教授でもあった久保田浩が園長になり、「3層構造」を基盤に、現在にわたる白梅幼稚園のベースをつくりました。1970～80年代に、当時の幼稚園教育がお勉強中心の流れになっていったなかで、本園では子どもにとって本当に大事なことは何かを突き詰めていった歴史があります。そのアイデンティティは、本園のDNAとして受け継がれています。

僕が入職したときには、青山さんのように、園の保育のあり方に疑問をもつことより、慣れることに必死でした。日々の実践に加え、活動の準備、期末の反省、園内研究会の資料など、「保育のあり方」への疑問を覚える余裕もなく、とにかく本園の保育を理解し、実践し、必死に先輩たちに食らいつきながら日々が過ぎていったという感じでした。

その後、大きな転機が訪れます。2016年、汐見稔幸先生が園長に就任する前の年に、「君たちの保育は古い。30年前と同じ保育をするな」と、全職員の前で言

われたのです。これはショックでした。まだまだ考えるべきところは多いと思っていましたが、保育の質に関しては間違っていないと思ってきました。だから、自分たちがやってきたことはなんだったのかと、眠れなくなったほどでした。「外」の研修に出ていくようになったのは、それからです。

外部の意見を知ることで本質の大切さに気づく

自分の意識が「外」に向かい、情報を収集していくと、活動や行事など定型化されたカリキュラムではなく、子どもの興味から深めていくスタイルをとっている他園の取り組みに驚嘆しました。同時に、本園の保育内容の「のびしろ」を強く感じたのもこのころです。

本園では、遊びを大切にしています。そして、遊びを充実させるための活動があるのですが、活動の数が増え、内容も毎年同じものになっていきます。子どもの興味や発達を考慮され、何年も検証されてきた「確かな」内容です。

しかし、だんだんと「ひずみ」が生まれていきます。運動会は、本学のグラウンドを借りて行います。自分たちの場所

1981年生まれ。私立幼稚園勤務の傍ら大学院に通い、卒業後、白梅学園大学附属白梅幼稚園勤務。12年目（2018年の取材時）。

2
章 チームで
保育をほぐす

だとわかるように、シンボルマークを作ることが恒例になりました。月日が経つにつれ、「目印」だったはずのシンボルマークが、やがて「メイン」になり、製作するのに2〜3週間かかるようになりました。

9月の始業式からシンボルマークの話し合いを行い、製作し、リレーの練習もあり、園外保育もあります。やらなければいけないことが多すぎて、目の前の子どもを見るより、カリキュラムに子どもを当てはめざるを得ない保育になりがちでした。

毎年同じ活動を行うということは新人や若手に対してはわかりやすかったり、保護者にとっては園の文化として発信しやすかったりといった利点はあるでしょう。一方で、「確かな」はずだった活動が、本来の意味を理解されないことで、目的がぶれてしまったり、活動というカリキュラムを「こなす」ことに意識が向きがちになってしまったりすることもあります。

当時は、経験値によるものなのかと必死に食らいついていきました。でも、いまは、最初に活動があるのではなく、「子ども」ではないかと思います。目の前の子どもとかかわり、言葉を交わし、1人の人間として対することから始まります。

活動はその後です。

園の文化は大事です。活動も行事も否定するつもりはありません。しかし、本来の意味をどれだけ職員同士で話し合っているのでしょうか。いま、保育も大きく変わろうとしています。職員一人ひとりが主体性をもち、職員同士で対話していく、その土壌づくりの必要性を痛感しています。

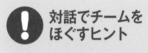

**！ 対話でチームを
ほぐすヒント**

■ なぜその行事をするのか、なんのためにこの活動をするのかなどを職員間で話し合ってみましょう。

■ 園の理念や文化と行事や活動がどう結びついているのかを再考してみましょう。

同僚性を問う③
ズレを受け入れたら、
流れ始めた

実際に園に入職すると以前とは印象が異なることもあります。それは自分が単なる
観察者からその場に登場人物として登場したからかも。同僚たちとのズレを感じる
こともあるでしょう。そのズレを受け入れ合いながら、むしろそのズレを多様性と
して活かすにはどうしたらいいのでしょうか。

（話題提供：鈴木秀弘）

華やかな印象と違う現実と 出会い、違和感をもつ

　私が現在、副園長をしている和光保育園は、もともとは「しつけといったら和光保育園」と近所で評判な園でした。しかし、当時、副園長をしていた私の父が、おとなしすぎる子どもたちの姿に違和感を覚え、「子どもらしい子どもに出会いたい」と、「子どもが主人公として輝く」ことを大事にした環境や保育の見直しが、1980年ごろから始まったのです。

　それから、子どもだけじゃなくて、おとなも、地域も、みんなが主人公にと、保育園の枠を外した「わこう村"子ミュニティ"」創りが広がっていきました。幼かった私も、その渦中にいながら、「こういうコミュニティっていいな」と感じていました。

　ところが、23歳で園に入職すると、華やかな印象とは違う人間関係の難しさに直面して、ショックを受けることに。

　例えば、「無理せず、楽しく、頑張らず」を合言葉に、おやじたちが主人公として活躍する「おやじの会」があります。子どもの環境を、園と協働で創ってきたありがたい存在です。しかし、外遊びで泥んこになった子どものために園庭にトイ

レを建設したいと園長が発案したときに、保護者との間で、価値観のズレが生じてしまって。それでも進んでいく建設作業に、おやじたちは「やらされている」感を抱いているような気がして。保育園の願いと、おやじたちの主人公性の塩梅が上手くいっていないことを感じました。

　それと同時に、35年以上ずっと保育の見直しは続いているのですが、見直しを始めた当初、日々の自由な時間の中に子どもらしい姿があることがわかってきて、子ども主体の保育とは何かを模索すること自体が活力になり、エネルギッシュに保育が動いていた時期がありました。これは、先輩方の話を聞いたり、資料を見るとありありと伝わってくることですが、いまの和光の礎になっている時代だと思います。

　だけどそれが何年か経ったとき、こうやれば子どもが能動的になる、ということがつかめてきたのか、それが手法に変わってきてしまった。いつしか、手法ばかりが洗練されて、子どもを能動的に活動させることが上手な保育園になってしまっていると、当時の私は感じました。それが私を含む同世代の若手には、ちょっとしんどくて、先輩たちの言うこともわかるのですが、もっと自分たちなりの

鈴木秀弘

1982年生まれ。2006年より
社会福祉法人わこう村和光保
育園勤務、5歳児担任などを
経て、2013年より副園長。

試行錯誤をしたいのに、その機会を先輩たちに奪われているような感覚になってしまったのです。

先輩たちへの違和感を受け入れたことで流れ出した

そういう想いをもって、先輩たちに対して、秩序化されてしまっていることにとらわれ過ぎないで！　もっと若い世代の気持ちもわかってほしい！　と戦っていた時代がありました。でも、それをしても結局お互いが傷つくだけだし、溝が出来てしまった。だから、それではダメだと諦めて、受け入れる努力を始めました。先輩たちが、いろいろ言うのは後輩たちに失敗をさせたくないからだし、子どものことを思うと、後輩たちが戸惑って試行錯誤する時間がもったいないようにも感じられたのだと思います。そういう意味で、本当に後輩や子どもたちのことを考えて言ってくれていることなのだと、一度受け入れたんです。すると、先輩たちも僕らの主張を丁寧に認めようとしてくれて。そうやって語り合っていく中で、だれも（ベテランも中堅も若手も）が、部分的にしか捉えられていない子どもの姿が見えてきて、対話を重ねていく

うちに、一つひとつの出来事が多面的で多重的に見えるようになってきた。すると、いままで凝り固まっていた関係も和やかになり、おのずと流れ始めていったのです。

つまり、各世代の持ち味があって、その違いを認め合ったらうまく流れ始めたのかなという感覚があります。青山さん、西井さんの話を受けて、みんな悩みは同じだなと感じています。

❗ 対話でチームをほぐすヒント

■ 自園の「うまくいってる！」を疑ってみる。ここはどう対話しても意見が割れてしまう！　というポイントはある？

■ 意見が割れるポイントを「諦める」ことで得られるメリットの可能性について話し合ってみましょう。

同僚性を問う④
違和感をもつことを
大切にする

多くの園では、これまでの園の歴史が現在の保育に大きく影響しています。新設園でもない限り、そのことから逃れられません。自園がいま、周回（サイクル）のどこにいるのかを確認し、哲学を確かめ直しましょう。

（話題提供：久保健太）

園の歴史を周回（サイクル）で考えてみる

園の歴史を周回（サイクル）だとすれば、園の伝統がつくられた時期を「1周目」、その後を「2周目」と呼ぶことができます。

白梅幼稚園で言うと、1週目は久保田浩先生がつくられました。久保田先生は、『あそびの誕生』や『おやじ憲法』といった良書をたくさん著し、「生活の3層構造」を提唱して、日本の幼児教育にも大きな影響を与えた先生でした。同じように和光保育園だと鈴木眞廣先生が保育を見直したのが1週目だとすると、息子である鈴木秀弘さんが入職した時期の同世代が直面したのが2周目。

青山さん、西井さん、鈴木さんの3人が直面した問題は、2周目の問題だと言えるでしょう。1周目に起きている問題と2周目に起きている問題は、分けたほうがよいと僕は考えています。

1周目と2周目の構造的な違い

では、2周目の問題をどのように考えていけばよいでしょうか。保育は3つほ

どの要素から成り立っています。1つは「保育哲学」、つまり思いや願い。西井さんの例で言うと、運動会でそもそもどうしてクラスのシンボルを作るのかという、シンボル作りに込める願いや哲学があります。もう1つが「保育手法」、そしてもう1つが「人間関係」。このトライアングルでできています。

1周目の人たちというのは、願いをもって実践を考えるから、3つの要素が連動しやすいのです。自分たちが例えば「運動会」という実践を行うとして、そこにどんな思いを込めるのかということを一緒に考えていくので、人間関係も深まり、非常にうまくいくのです。新しい園で園長に就く人はこの1周目を回すことに専念すればいいわけです。青山さんはこれから新しい園で、この1周目を職員と一緒につくっていくんですよね。

しかし、2周目はまさに3人が突き当たったように、1周目に深くなった人間関係と保育手法が独り歩きして、哲学の共有がおろそかになることもある。だから、そういうバランスが著しく欠けたトライアングルの中に飛び込んでいかなければならない。

1周目と2周目には、このような構造的な違いがあります。

久保健太
1978年生まれ。大学院卒業後、保育者養成専門学校での学科長を経て、関東学院大学専任講師。「ゆったりとした生活」がもつ人間形成上の意味が、一貫した研究テーマ。

2周目に飛び込む人たちが大切にしたいこと

2周目は、既に哲学、実践、人間関係が蓄積された状態で始まる段階です。そこで入職する人たちはまず何をしたらよいのでしょうか。それは、「違和感」を大事にすることです。2周目に入った園では、おそらく哲学が問われないまま手法が進んでいってしまうことが多くなるでしょう。新しく園に入った人が、なぜそういった手法をとるのかを質問できたらよいのですが、先輩に嫌な顔をされるかもしれないし、なかなか聞いたりできないかもしれませんね。でも、自分の中に芽生えた「違和感」だけは大事にしたほうがいいと思います。

また、そのような違和感を大事にしつつ、違和感の正体を突き止めるためにも、1年目からいろいろな研修に出ていって、外の世界を知ることが大切です。園の中で違和感を口に出すと、たぶん人間関係は悪くなるでしょう。そのため、自分の違和感が間違っていないということを確認するためにも、外に行くのです。そうしないと、違和感をもった自分のほうが間違っているように思えてしまう。自分の違和感を良い意味で正当化することは

必要なのだろうと思います。

実践の繰り返しばかりだと、「園文化の硬直化」という問題に直面します。1周目にいなかった人たちを交えて、実践に込めた哲学を確かめ直すことが硬直化を避ける秘訣です。

 対話でチームをほぐすヒント

■自園のサイクルは、いま、何周目にいるのか考えてみましょう。

■園の哲学が共有できていますか？ 新しい職員にはどのように伝えたいですか？

■いまの園の環境や保育に対する「違和感」はありますか？ その「違和感」を大切にすると、保育はどのように変わっていく可能性があるでしょうか？

役割交替の生まれる組織へ

久保健太

　この章の元になった2018年の座談会以降、私は保育の世界にかかわりつつも、一般企業や他業界の方々との学び合いを重ねてきました。いい組織をたくさん見てきました。いい組織を見るたびに「子どもたちの学び合いみたいだな」と感じました。どの組織にも、新任、中堅、ベテランはいるのですが、いい組織は、新任の「やりたい！」に中堅やベテランが応答しています。そうした中堅やベテランに、新任は信頼感を抱いています。

　一方で、新任の「自己発揮（やりたい！）」が過剰な場合は、中堅やベテランが「人間としてのあなたにしてほしいこと（期待していること）」を人間として伝えています。だから、新任は「自己発揮」と「周囲からの期待」との間で葛藤します。その葛藤から、一皮むけた「自己発揮」を生み出します。さらに新任や中堅は、ベテランがもっている「全体的な視野、見通し」を学びつつ、自分の仕事にこだわりももち始めます。そして、そのこだわりを仕事（作品）に反映させるための「技術・知識」を学びます。

　いっぺんに書いてしまいましたが、ここに登場する一つひとつのこと、例えば、「やりたい！」に応答してもらうことで信頼関係を築いたり、「自己発揮」と「周囲からの期待」との間で葛藤したり、「全体的な視野」を学んだり、こだわりを作品に込めるために「技術・知識」を学んだり、といったことは、子どもたちの学び合いで起きていることと同じです。子どもたちは、新任、中堅、ベテランの区別を設けず、役割を交替させながら、学び合っているのですから、恐れ入ります。

　実は、おとなでも、そのような「役割交替」を生んでいる組織があります。「あなたに期待していること」を役職者として伝えるのではなく、人間同士として伝えられる組織で「役割交替」は生まれます。

　さてみなさん。ここで改めて考えてみましょう。自分が人間としてやりたいことはなんですか？　自分が人間同士として、同僚に期待していること（してほしいこと）はなんですか？　自分が仕事の中でこだわりをもっていることはなんですか？

　それらを聞いてくれる同僚はいますか？　聞いてもらう機会はありますか？

　「やりたい！」を発揮していますか？「やりたいこと」と「周囲からの期待」との間で葛藤していますか？

　子どもがそれらを発揮し、聞いてもらい、葛藤するのと同じくらい、保育者であるみなさん自身が発揮し、聞いてもらい、葛藤することが大事です。

2章から3章へ

自由なのか、不自由なのか

青山 誠

　保育の中間層って、自由なのか不自由なのかどっちなんだろう。中間管理職？いやどちらかというとプレイングマネージャー。時に1人のプレーヤーとして保育をし、時に一歩引いて全体を眺め、園全体の保育を動かそうとします。クラスやシフトに縛られなくてよかったり、全体への発言力をもっていたりする場合もあるでしょう。渦の中心になり園の保育を動かしていく。そんなことができればかなり自由。

　しかし久保さん曰く、中堅は「『園文化の硬直化』という問題に直面」する。例年通りの行事、理由のわからないルールや暗黙の了解に取り囲まれ身動きできない。変えたいのはやまやまだけど、これまでの経緯も見えてしまいだれかを傷つけそうで迷う。加えて自分がプレーヤーならできることを「あえてやらない」という選択も時には必要。やりたいし、やっちゃえるけど、やらないというもどかしさ。これってかなり不自由？　もしかしたら自由、不自由を分けるのは「何ができて、何ができないか」ではないのかもしれません。そこに「人」がかかわっていることに気づくとき、園の変わらなさにも価値を感じるかもしれません。自分の力量を抑えてプレーヤーの座を明け渡すことも、同僚である他者の風景をのぞきこむことにつながるかもしれません。

　では何が自由と不自由の境界線になってくるのでしょう。再び久保さんの言葉を引用すれば「実践に込めた哲学を確かめ直すことが硬直化を避ける秘訣」とのこと。そう、大事なのは哲学なのです。いつしか形骸化してしまった事柄を一つひとつ紐解き、「そもそもなんでこうしてたんだっけ。どんな出来事や思いがあったんだっけ。いまこれにはちゃんと子どもにつながる意味があるかな」と同僚と共に園の土壌を鋤き返していくこと。

　大事なのはしなやかさなのかもしれません。これまでの拒否か踏襲かの二択ではなく、しなやかに意味を鋤き返していくこと。それができれば中間層にとって自分の園は閉じられた檻ではなく、同僚と共に創造し続ける実践の場となるでしょう。まあ言うは易し……です。

　次の章は異業種の方々との対話です。保育は保育からだけでは学べません。子どもが見ている世界にお邪魔して、ゆっくり歩いていくアリを追いかけるまなざしとともに、時には経済や文化の視点から自分たちのいまを捉え直す。伸び縮みする視野をいかに確保するか、もちろんそれは中間層だけの課題ではありません。

2章から3章へ

「人間の全体」までさかのぼって

久保健太

　「2章 まとめ」では、「やりたい！」に応答してもらうことで信頼関係を築いたり、「自己発揮」と「周囲からの期待」との間で葛藤したり、「全体的な視野」を学んだり、こだわりを作品に込めるために「技術・知識」を学んだり、といったことが、子どもたちの学び合いでも、私が立ち会ったいい組織でも起きていることを述べました。

　言い換えれば、いい組織とは「深い学び」が起きる組織です。ここで言う「深い学び」とは、本人の「やりたい！」や「こだわり」が尊重され、しかし、時には葛藤に直面することから生まれる「学び」です。

　鈴木さんは「語り合っていく中で、だれも（ベテランも中堅も若手も）が、部分的にしか捉えられていない子どもの姿が見えてきて、対話を重ねていくうちに、一つひとつの出来事が多面的で多重的に見えるようになってきた」と述べています。

　「2章 まとめ」では、いい組織において、ベテランが「全体的な視野、見通し」をもっているとも述べましたが、ベテランが「全体的な視野」として見据えているのは「会社（園）の全体」ではありません。「業界の全体」でもありません。ど

ちらかと言うと「社会の全体」であり、「歴史の全体」「人間の全体」です。

　「人間の全体」から見たときに「この会社（園）の文化」にどういう意味があるのだろうか？　そういったことを考える人が「ベテラン」として存在感を発揮している組織は、周囲に学びを引き起こします。

　鈴木さんの言う「語り合い」の中では、ベテラン、中堅、若手のだれもが、園の文化を「全体的な視野」から見直したのだと思います。

　さて、異業種の人の中にも、保育業界の中にも「人間の全体」までさかのぼったところから、「自分の営み」を考えている人たちがいます。次の章以降では、そのような人々との対話を始めます。

　保育の言葉があまり出てこないので一見すると、戸惑うかもしれません。しかし、「人間の全体」にまでさかのぼったところから、改めて「保育という営み」を考え直そうとするとき、参考になるような考え方や言葉が揃っているように思います。

　そうした考え方や言葉が、みなさんを揺さぶって、そこからみなさんが「自分の営み」をつかみ直す。その参考になれば幸いです。

3章

章

保育を超えて
保育が
見えてくる
～異分野との対話

2018年度の連載では、2章の元になった西井さん、鈴木さんとの座談をはじめ、保育の世界にいる人たちとの対話を重ねました。その後、2019年度には、異業種の方々との対話を企画しました。その根底には、「保育の話を人間の話として語りたい」という青山さんと私の思いがありました。3章では、そうした思いに付き合ってくださった異業種の方々との対話を載せました。これらの対話を通じて、青山さんと私は「保育の話は、やはり人間の話だったんだ」との思いを再確認しました。 (久保健太)

「身体論」から対話を考える①

「感じてみる」レッスン

ゲスト：山上 亮（整体ボディワーカー）

山上 亮

東京都生まれ。整体ボディワーカー。野口整体とシュタイナー思想から学び、人々が元気に暮らしていける「身体技法」と「生活様式」を研究。整体指導や子育て講座など幅広く活躍中。著書に『子どものこころにふれる　整体的子育て』『整体的子育て2　わが子にできる手当て編』（クレヨンハウス）、共著に『じぶんの学びの見つけ方』（フィルムアート社）ほか。

深く考えない　体に任せる　頭に聞かない

青山：うちは新設園ですが、僕からするとなんでと思うことまで職員がいちいち聞いてきます。たぶん、軸がないから判断できないんです。簡単なのは、状況を固定化してしまうことで、例えば部屋の鍵を閉めて子どもを出さないようにする。動かなくしてしまう。ところが子どもたちは動くわけで、それに対して自分が動いたらまた状況が動いてしまう。判断をし続けないといけない。それを毎回、どうしたらと聞かれても、追いつきません。

山上：まったく追いつきませんね。

青山：だから、思考を停止させてマニュアル化してしまう。それなら、部屋から飛び出そうとしたら、ダメだと言えばいい。こういう保育はつまらないけど、動的にしすぎると、判断軸がなければ迷いの中に落ち込んでしまいます。

山上：聞いていてふと思ったのは、体と頭の関係です。私は体に任せて、あまり深く考えません。

青山：体に任せる？

山上：体がしたいことに従うんです。実は昨日、消化器系の風邪で具合が悪くて。でも別に困らない。嘔吐とかあってもと

くに悩むことはなく、体がどうしたいかだけです。昨夜はひたすら寝ていたんですが、体は何かを吐き出したがっている。でも、頭は吐くのは嫌だなあと思っている。最後は、「もうわかったよ」みたいな感じで吐く。変な話で、すみません。

青山：いえ、すごくわかりやすい。

久保：「体に任せる」というのは、組織に置き換えれば、割と理想的な状態ですね。頭が園長で、体がスタッフ。頭にいちいち聞かずに自分で動いてくれれば頭が作為的に何かするよりもうまくいく。そういう状態ですね。

保育にも整体にも正解はない「おのずからなる」

青山：僕は、保育では子どもの「おのずからなる」に任せています。保育は、正しい、正しくないという世界ではない。でも、新人研修で何人かが聞いてきたのは、園によってやり方が違うから何が正しいのかわからないと。保育の場に慣れていない人は、判断できなくていちいち聞いてきます。山上さんもお弟子さんにどうしたらいいかと聞かれませんか？聞かれたらどう答えますか？

山上：弟子はとっていないので難しい質

問ですが、流れを理解してもらうために
ポイントは伝えますね。

久保：例えばどんなことですか？

山上：ルーティンですね。お客さんが来たら名前を書いてもらって、お金をもらって、と。もし弟子をもったら、ルーティンはお願いするけど、あとは自分でやってみてと言うでしょうね。

久保：整体の仕方は伝えないのですか？例えば、腰痛の人を整体するときにしなくてはいけないことはないのですか？

山上：腰が痛い場合の整体の仕方を知識として伝えることはできますが、人によって押さえ方も変わるし、会話の内容で体の緩み方も変わる。どう伝えればいいのか、わかりませんね（笑）。

青山：保育も、朝の子どもの迎え方に、正しいやり方があるわけではなくて……。

山上：ないですよね。子どもと対話するしかない。私の整体の講座では、ただふれることをひたすらしてもらっています。ペアを組んでひたすら。そうすると、すごくいいふれ方ができるようになるんです。整体はとにかく考えないことが大事。私も「考えない、感じろ」と師匠に散々言われました。考えないでどうやって観察するんだと思いながら、一生懸命に7、8年やっていたら、だんだんわかってき

て、いまはよくわかります。

青山：僕は養成校を出ていなくて、最初、「子どもをどう遊ばせていいかわからない」とベテランの先生に言ったら、「子どもをどう遊ばせるかではなくて、子どもに遊んでもらいなさい。そうしたら子どもが見えてくるから」と。まず子どもを感じて、子どもの世界に入っていく。

山上：私の師匠の話ですが、ある技術を知りたくてそのとき習っていた整体の先生に尋ねたそうです。すると、「教えてもいいけど、教えると身につかないよ」と言われ、それ以上聞けなかったそうです。

「教えてもらう」でなく、師匠から浴び続けて学ぶ

山上：修業時代は、最初はお客さんに触らないんですよ。ひたすら受付と対応です。練習として弟子同士で触り合って稽古はしますけれど。

青山：師匠がいて、その人のやり方を見ているわけですか？

山上：はい。受付をしながらなんとなく見ているんです。 私の師匠は整体講座や子育て講座をしていたので、それも聞きながら。ひたすら浴び続けるみたいに。

久保：師匠の何を浴び続けたのですか？

山上：全部です。記号化できない雰囲気や佇まい、足さばきも含めて。

青山：いまの話、すごく保育の世界に近い。僕にも柴田愛子さんという人がいて、その存在そのものから浴びていました。保育の場も、そういうふうに代々受け継がれてきたことは多かった気がします。でも、いまの保育業界は、経験年数の浅い人がくるくると園を移っていて、モデルとなる先輩が育っていない、見つけられない。だから、だれにでもできるようにマニュアル化する。

山上：くるくる状況が変わると、育つという点では毎回リセットされてしまいます。すると、「ここを押さえておけばいいでしょ」というようにコツだけ身につけていくことになるので、作業には慣れても、仕事としては浅くなります。

「感じる」を取り戻し、自分の感覚に自信をもたせよう

山上：最近やっていることに「皮膚ずらし」があります。私の手のひらを胸板に当てて皮膚をずらして、それを感じてもらうんです。青山さんにやってみましょうか。（寝ている青山の胸に手を置き）最初に上にずらします。それから下にず

らします。少しずつ感覚が違うと思いますが、心地よい方向はありますか？

青山：下のほうが心地いいです。

山上：今度は右と左。どちらのほうが気持ちいいとかありますか？

青山：右かなあ？

山上：では中間の右下とも比べてみましょう。下、右、右下。右下がいちばん気持ちいいとのことなので、しばらく右下に皮膚をずらしてみます。これを整体で「愉気」といって、受けている人はぽかんとしていればいいんです。しばらくすると皮膚がおのずから戻ってくる。戻すわけでもなく、皮膚がだんだん戻ってくるまで、ただじーっと味わう。

（少し時間が経って）さっきは右下が気持ち良かった。でも、もう一度すると、さっきみたいな感じがもうありませんよね？　そんなには気持ち良くない。今度は真ん中に手を置いているだけのほうが、気持ち良くなっている。

青山：確かに真ん中が気持ちいい。

山上：微妙な違いですが、なにか感覚が違うと思えれば、どんどん感受性は磨かれていきます。整体は治療ではなくて教育。体を感じる教育をしているんです。この皮膚ずらしも、最初はどっちが気持ちいいかよくわからないでしょう？

青山：右左のときがいちばん不安でした。どちらか言わないとダメかなって。

山上：それも教育です。「なんとなくでいいから」と促し、繰り返していくと自信をもって言えるようになるみたいです。

青山：それには対話者が必要ですね。「強いて言うとどっち？」と言えるような。「自分で考えて」と言ってはダメなのだろうなと思いました。

久保：自分の感覚に自信をもっていくことが教育、という定義がすごくおもしろいですね。「右と左どっち？」というシンプルな聞き方もいいですね。

山上：私は二択にしています。

久保：学生と現場見学に行くのですが、振り返りのときには、「楽しかった？　辛かった？」くらいから始めてみるのがいいのでしょうね。

山上：オノマトペで表現させたりもします。ワクワク、ハラハラとか。

久保：それいいですね。「あの場面では、ワクワクよりもヒヤヒヤだったな」とか。そう自覚できるだけでも、自信の一端になるかもしれないですね。

 対話のためのポイント
「治る」力を信じる

　山上さんと初めてお会いしたのは、2018年11月の「森のようちえん交流全国フォーラム」でした。私たちはそれぞれの分科会の講師だったのですが、主催者の方による米子空港からの送迎が偶然重なり、空港から会場への車中を共にしました。

　車内では、どういうわけか「脳と身体は違う」「身体と脳は対等なはずなのに（いや、身体のほうが賢いはずなのに）脳ばかりが威張っているから、身体のSOSを聞き逃す」といった話で盛り上がりました。その後、いくつかの機会を共にし、2019年に青山さんとの鼎談をお願いしたのです。

　山上さんの根本には「治す」のではなく「治る」のだ、という思想があります。その土台には、身体は「治る」力をもっているという身体への信頼があります。

　ここでみなさん、考えてみましょう。子ども同士のけんか、同僚同士の不和、自分の身体の不調、なんでもいいです。「治そう」としすぎてしまうのはどんなときですか？　逆に「治る」だろうと考えて、本人たちや身体に任せることができるのはどんなときですか？　もうすぐ「治る」な、そう思えるときは、何がその予感を運んできてくれますか？

（久保健太）

「身体論」から対話を考える②
互いの「間」を
認め合う関係性

ゲスト：田村一行（舞踏家・振付家・俳優）

子どもにかかわる人の対話と交流の場として、いろいろな分野からゲストを招き、「サタデーナイト」というイベントを開催してきました。そのイベントで舞踏家の田村一行さんをお招きし、身体についてお話をうかがった内容からまとめます。（青山）

生まれ入ったことこそ大いなる才能

青山：毎日保育をしていると、保育者にとって「おはよう」って言うのが辛い朝もあります。調子の悪いときもありますから。だから現場にどういうふうに身体と気持ちの波をもっていくのかというのは、日々重要な課題だと思っています。「置く」「しゃがむ」「抱く」「つなぐ」など、保育は実はかなり身体でのかかわりが多いのですが、保育者の身体性が語られることはあまりありません。

　舞踏家はどう身体に向き合い、言葉にし、他者の身体と共鳴していくのか。そのあたりを教えていただけますか。

田村：「舞踏」は、1950年代に土方巽さん注1が生み出した踊りの1つです。西洋の舞踏は、天へ向かってより高く、天の神様と対話するような踊りが多いので

すが、土方さんは日本人のガニ股に宇宙を感じて、例えば、田植えをしている農民の姿こそ美しいと、いままでにはない踊りをつくっていったんです。

　僕の師匠の麿赤兒は、芝居をしながら土方さんに踊りを習い、1972年に「大駱駝艦」を旗揚げして、その表現を「天賦典式」と名付けました。これは「この世に生まれ入ったことこそ大いなる才能とする」という麿さんの言葉で、人がいまここに存在すること自体が既に才能だという、一人ひとりの存在を強く肯定している言葉です。

空っぽになって「踊らされる」

青山：踊りとはなんでしょうか。
田村：踊りと呼べるものはとても原始的です。言葉がないときから表現は始まっていて、お腹空いた「オギャー」も、眠い「オギャー」も、身体全体を使った命がけの踊りです。表現だからといって、気持ちを上手なピアノにのせて唄う必要はないわけです。

　赤ちゃんや動物を見ていると飽きないですよね。動きに意図的な部分が少ないからだと思うんです。例えば、虎は虎で

　注1：舞踏家、振付家、演出家、俳優。1928 - 1986年。

田村一行

1976年東京都生まれ。舞踏家・振付家・俳優。1998年大駱駝艦入艦、麿赤兒に師事。以降、大駱駝艦全作品に出演。独自の作品を発表し続け、舞踏ワークショップも全国各地で展開中。第34回舞踊批評家協会新人賞受賞。2011年より一般財団法人 地域創造「公共ホール現代ダンス活性化事業」登録アーティスト。

あることを表現していないけれど、見ていておもしろい。踊りは、「上手にやろう」とか「何かしなければ」と、自分の意識が強く入るとつまらなくなってしまう。力を抜いて空っぽになり、自分以外の何かに「動かされる」「踊らされる」ということが重要なんです。

学校などいろいろなところでワークショップをしていますが、例えば、小学生に「まぶしさに動かされてみよう」と言うと、まぶしさそのものになれる子がいます。おとなはそういうことを恥ずかしいとか、これで合っているのかとか、上手にやろうとか考えてしまうので難しくなる。ステップを覚えるほうがよっぽど難しい。「天賦典式」の言葉通り、その人が「まぶしい」を真剣に感じて、そのまぶしさに動かされていけば、それがその人だけの表現になるんです。

■「天賦典式」はまさに保育

青山：麿さんの「天賦典式」は、保育と同じだなと思いました。「踊らされる」でピンときたのですけれど、保育の根っこは実はものすごくシンプルだと思うのです。木村敏さん注2が「みずから」と「おのずから」は違うと言っています。「みず

から」は、自分で何かしようという意志。「おのずから」は、ひとりでにそうなっていくこと。保育の根っこは、子どもたち一人ひとりの「おのずからなる」を感じ取っていく作業です。

脳性マヒの当事者研究をしている熊谷晋一郎さんは、リハビリを受ける側と、する側の関係性で、最悪なのが「加害・被害関係」と言っています。

例えば、健常と言われる人たちがコップをこうやって持つから、そう持ちなさいと強いられる。彼にとっては健常者の動きは特殊な動きなわけです。そして、無理を強いられるから痛い。熊谷さんにとって「おのずからなる」ではないわけです。

最高なのが、「ほどきつつ拾い合う関係」。腕を伸ばすにしても、リハビリをする人が熊谷さんの「おのずからなる」を感じ取りながら、ゆっくり伸ばしてくれる。だから心地よい。これがまさに、保育者がなすべきことです。ただ、いまは教育では個性尊重ばかり言われます。「みずから」ばかり強調されていますね。

田村：確かに、麿さんに踊りを見てもらうとき、「おのずから」になるよう誘われていると感じることがあります。振付家や舞踏家は本来そうあるべきで、ある意

味、保育者なのかもしれませんね。

舞踏の「間」と保育の「間」

青山：「間」の話をしてみましょう。保育は待つことが大事と言われますが、それは子どもとの「間」をはかっているとも言えます。子ども同士にも「間」があって、ある子が手にたくさんの物を持って、部屋に入ろうとする。扉が閉まっていると、ほかの子が開けてあげる。これはおとなでいうと気遣いになるでしょう。でも、子どもの場合はそうではないんですよ。一緒に遊んで、一緒にご飯も食べて、身体が溶け合っているから、身体が身体に対してつい応答しちゃっているだけ。だからどちらの子も「ありがとう」でもないし、「あけてあげたよ」みたいな顔もしない。まさに絶妙な「間」があります。

　年齢が低いほど、こうした共鳴が身体レベルで起きていて、田村さんが舞踏でやっているようなことを、子ども同士は自然とやっていると思います。田村さんの文脈で言えば、子どもは踊っているわけで、身体と心が分かれていない。子どもは、動きを通して他者に出会っていくというか、つまり、言葉に頼っていない

のですよね。

田村：１つの振りと１つの振りの間にある時間的な「間」が、「ト」なのか「トー」なのかだけでも、そこにある内容は変わってきます。もちろん身体を取り巻いている「間」も大事です。例えば、「2000年の闇を、人類の罪を背負って歩く」という振りがあるとします。そこにはどんな「間」が生まれるのか。闇とはどのようなもので、そこではどんな感情が生まれ、どのような歩行となるのか。それをきちんと感じていくと、身体に密度が出てきます。でも、その「間」に嘘があると何かが狂ってしまう。今日、「大木になる」「そこに風が吹く」という動きをみなさんで試しましたが、全員がどのような景色の中で、どのような風にどのように吹かれたのか、という見えない部分をきちんと共有すれば、１つの不思議な景色が見えてくる。

　時間的なことを言えば、西洋の音楽の休符と、日本の音楽の「間」は少し違います。同じ無音でも、例えば尺八の「間」はただの休符ではなくて、そこにものすごく有機的なものが渦巻いています。

　見えない部分がいちばん大事なんです。保育では、子ども同士の中に息づいている「間」を感じることが大事なのですね。

▎言葉を超えて

青山：僕らの動きの中には刷り込まれた
ものがたくさん入っていて、それらを剥
がして「おのずからなる」自分を見つけ
ていく。田村さんならそれが踊りなのか
と思います。

　一方、保育は子どもの自由に身を委ね
ることで、自分が自由になれる仕事だと
思っています。自由に身を委ねるという
のは、先ほどの「ほどきつつ拾い合う関
係」のことです。最初は、子どもに付き
合うことがすごく不自由に感じたり、拘

束されているように感じたりするかもし
れない。子どもの「間」って長いですか
らね。だけれど、一人ひとりの子どもの
「間」をお互いに認めていけるなら、自
分の「間」もありなのではないか。保育
は子どものおかげで自分を認めていける
仕事でもあると思っています。

田村：言葉で表せることは少ないと思う
んです。「言葉では言い表せないほど感
動した」などと言うように、最大限の形
容は言葉を超えるものや身体になるので
はないでしょうか。

❗ 対話のためのポイント
「生まれ入ったことこそ大いなる才能」と知る

　大学のゼミでただ1人、男子の同級生だっ
た田村くん。いまや舞踏集団大駱駝艦の田村
一行さん。天賦典式は、この世に生まれ入っ
たことこそ大いなる才能とする、という言葉
ですが、少しスケールダウンして、存在の根
っこにある自己肯定感に気づけと言われてい
る気がしました。本来難しいことでもないの
に私たちがいつの間にか忘れてしまったこと。
いちばん積極的に忘れさせようとしているの
が教育なのかもしれません。未熟で無知な「生
徒」を、知の管理権限者である「教師」が評
価しながら成熟させていく。教育の始まりに
は「生徒」が未熟で無知なままに措定されて

いるならば、天賦典式も自己肯定感も教育の
始まりにおいて剥ぎ取られています。
　「個性」や「自分らしさ」と言われるほどに
忍び寄る不安。土台となる身体がそっぽを向
かれているからです。いつまでたっても頭だ
けが不安で、頭は言葉で不安を分解していく
からさらに不安が細分化していってしまう。
田村くんは「そんなに不安なら、何もかも手放
して踊ってしまいなよ」とは言いません。「もう
踊ってるじゃん、生まれてからずっと」と微
笑みかけます。では踊るほかに「すでにそこ
にいる自分」に私たちが気づいていくにはどん
な方法が考えられるでしょうか。（青山 誠）

3章 身体論についてのまとめ

「見る」の土台に「見える」がある

久保健太

　山上さんと田村さん。2人の話は驚くほど重なっています。2人は「見る」に対する「見える」について語っています。「見る」と「見える」は違います。「見る」という言葉が「みずから積極的に働きかける（能動的である）」という意味をもつのに対して、「見える」という言葉には、そこまでの積極性（能動性）がありません。

　それでは「見える」というありようは、まったくの受け身（受動的）なのでしょうか？　どうやら、そうでもありません。「見える」が意味するのは「目に入ってきたものにアンテナを働かせ、自分なりに応じる」というありようです。そこには「アンテナを働かせ、応じる」というある種の能動性が含まれています。

　周囲に働きかけるわけではないけれど、周囲から働きかけられるばかりでもない、そんなあり方。すなわち、能動や受動のような一方的な働きかけではなく、働きかけてくるものにうまく応じながら、周囲とのかかわりをつくり始める、そんなあり方。

　そのようなあり方を、言語学では、能動態でも受動態でもなく、中動態と呼びます。「見える」はまさに中動態です。日本語には、中動態の動詞が数多く残っ

ています。「聞く」に対する「聞こえる」、「起こす」に対する「起きる」、「出す」に対する「出る」。これらはすべて能動態に対する中動態です。そして、中動態のいずれもが、多くのものとのかかわりの中で、出来事や感覚が生じてくるさまを示しています（木村敏『あいだと生命』）。

　子どもたちを見ていると、目に映るすべてのメッセージをキャッチしながら、そのメッセージの正体を確かめようとしている姿に、よく出会います。目に映るメッセージだけではない。耳に入ってくるメッセージ、鼻先に漂ってくるメッセージ。世界に満ちあふれる様々なメッセージ（心理学ではそれらのメッセージを「アフォーダンス」と言います）を五感によって、豊かにキャッチしています。

　メッセージをキャッチしてしまうものだから、その正体を確かめたくなったり、ほかのだれかに伝えたくなったりして、音の先を見ようとします。「見る」の土台に「見える（聞こえる）」があるのです。「動き出す」という能動性の土台に「メッセージをキャッチする」という中動性があるのです。山上さんと田村さんの話は、その点を伝えてくれます。

異分野との対話 03

「組織論」から対話を考える①

考え方の軸をもつ〜「原則」と「判断」

ゲスト：岩政大樹（元プロサッカー選手・指導者・解説者）

■「原則」と「判断」の区別

青山：僕は新設の保育園でチームとしてどう動き合うかを構築中です。子どもの動的な状況に対して、保育者が動こうとするとき、判断の精度が求められると思うのです。岩政さんはサッカーでどうされていますか。

岩政：僕は数年前から選手兼コーチという形で、自分でプレーするときの感覚と照らし合わせながら、指導について考えてきました。そして思い至ったのが、「原則」と「判断」の区別でした。日本サッカー界では「教えすぎると考えなくなる」と言って教えなかったり、逆に教えすぎたりと二極化していて。そのどちらかに偏るのはよくないと、落としどころを現場と指導を行き来しながら考えるなかで、「判断」するための基準となる、チームの「約束事」やサッカーの「原則」などが大事だと気づきました。指導者が「判断」の話をしすぎると、選手の「判断」を奪い、選手は指導者が望むプレーをするようになってしまいます。むしろ「原則」の話をしなければならないのです。

久保：サッカーでは絶え間なく状況が更新されていき、それに合わせて判断する必要があって、その部分が非常に保育に似ています。一方で、原則を教えられても判断に困るから、判断を教えてほしいと言う人もいますよね。

岩政：サッカー選手にもいます。指導現場では判断を教える人が多いので、僕のように判断を言わない指導だと戸惑ってしまう。「相手によって動きを変える」「試合の中でもどんどん自分で考える」などと伝えても、理解できない状態が一定期間続きます。僕はJ1からタイに移り、その後J2、社会人サッカークラブ、いまは中高生を指導していますが、実は中高生のほうがおとなより変化が早いです。

■判断ができる子は何が違うか 判断をどう磨くのか

久保：自分で判断できる子とそうでない子の違いはなんでしょう。

岩政：自分で考えることが習慣化しているかどうかですね。そういう子は自分に判断が委ねられるほうが気持ちよくプレーできます。僕もそういうタイプでした。J1の日本代表になるような選手たちは自分で考えたい人ばかりです。その下のカテゴリーになると、指導者に正解を求め、それを一生懸命実行しようとする選手が多くなるかもしれません。

岩政大樹

1982年生まれ。山口県出身。東京学芸大学から鹿島アントラーズに加入。Jリーグ三連覇に貢献。タイのテロ・サーサナ、ファジアーノ岡山を経て、東京ユナイテッドFCでプレー。2018年引退。現在は解説、指導、執筆etc.。著書に『PITCH LEVEL』(KKベストセラーズ)、『FOOTBALL INTELLIGENCE』(カンゼン)など。文化学園杉並中学・高等学校外部指導員、上武大学アドバイザー。

久保：判断を磨いていくときには、どうしても探り探りになりますから、ある種、失敗込みですよね。

岩政：自分で考えることができる子は、自分でやってみることができる。先に枠組みを欲しがる子が多いのですが、指導でそこを変えていきます。

青山：いわゆる「お勉強」ができて、まじめな人ほど正解を求めたがる気がします。でも動的な判断ができるのは、学力よりコミュニケーション力が高い人だったりします。岩政さんのお話はとてもわかりやすいですが、プレーヤーのときからそうだったのでしょうか？

岩政：プロの世界は競争なので、普通はあまり人に教えたりはしませんね。でも僕は両親が教員で、自分も教員免許をとって、教えるのが好きだったから、若い選手についおせっかいを焼いていました。20代半ばからそんなことを繰り返していたので、周りから説明がわかりやすいと言われました。

青山：指導によって、判断は磨かれていくものですか。

岩政：僕もまだ2、3年の経験ですが、確実に変化します。「相手を見てサッカーしなさい」と言っても選手はすぐには理解できませんが、実際にはボール回しの中では立ち位置の原則があります。例えば最終的に2通りの立ち位置がある場合、どちらを選べばいいかは相手を見ればわかるので、そこで判断が磨かれます。2通りになったところからプレーの基準や解決策、つまりコツも提示します。また、コーンを相手にしたドリル練習など、まずは体に覚え込ませる練習を多くして、少しずつボール回しの中で伝える状況を増やしていきます。

久保：そのドリル練習というのは、原則と技術を合わせたようなものですか？

岩政：そうです。一般的に最初は技術練習が多いのですが、僕の場合は、原則的なことを落とし込みながらパス練習をさせることが多いです。

「考える」ということ──正解を鵜呑みにせず、原則や目的から逆算して判断する

岩政：僕が2017年に指導を始めたころ、選手たちは「何をしたら指導者が正解と言ってくれるか」を考えていて、それは本当の意味での「考える」ではありませんでした。サッカーで考えなければならないのは、相手チームに勝つことなので、その目的に対して自分の考えをしっかり

もつことが大事。でもやってみなければわからない。決まった正解はないんです。

青山：目的や原則が基本なのですね。原則が伝わっていないときはどんなアプローチをするのでしょうか。

岩政：プレーを止めて、選手にその場面の状況を聞くのですが、もじもじしながら、「岩政さんの正解はなんだろう？」と考えているんですね。だから、「正解を聞いているんじゃない。君がいま、どんな状況だったかを話してくれ。そして、そのときどうすればよかったかを話そう」と伝えます。そういう作業を続けると、少しずつ原則を理解してくるので、立ち位置やボールを持っている相手への寄り方、離れ方という判断基準も与えていく。その上で「自分の判断」が徐々に出てくるといいなと思っています。ただ、我慢は必要。すぐにはプレーに落とし込めないし、原則・判断ができても、技術が追いつかない場合もあります。

青山：聞くほどに保育に似ています。保育で子どもを最初に見るのは、朝、「おはよう」と言うときです。立ったままだと顔が見えないから膝をついて挨拶します。また、保育室に緊張が漂っているときには、わざと寝転んでリラックスした雰囲気で迎えることも。こういう判断の事例も一緒に与えてあげたらいいんですね。

岩政：それは絶対必要です。サッカーでも、技術だけではなく、考え方のほうが大きいのです。うまくなってほしいからと判断を言ってしまうときがありますが、選手たちが自分で見つけなくなってしまうので、思考が育まれるような接し方をしなければならないのですよね。

久保：以前、スウェーデンの保育所で施設の目的を尋ねたら、民主主義の担い手を育てることがゴールだと言われました。そこから逆算して、どういう保育をするかが決められていたのです。

岩政：日本語は結論から話さないから、目的が曖昧になるのですよね。目的から逆算して話せば、その先生のような思考になる。最近は練習の場で、まずは結論から聞くことを意識しています。

久保：「考える」ということは、指導者の正解を鵜呑みにすることではなく、原則や目的から逆算して、自分の頭で判断しようとすることだと言ってもいいですね。その際の、判断ミスをどこまで許容できるのかも大事ですね。

指導で心がけるのは、相手の目線になること、空気を感じ取ること

青山：タイでは選手としても俯瞰した視野をもたれていたと思いますが、判断をコミュニケーションし合うという点で心がけたことはありますか。

岩政：「相手の目線になること」です。タイでは文化もサッカーのレベルも違いましたから、本当は彼らが考えていることを探らなければならないのに、つい過去の自分に置き換えてしまっていたのです。だから、彼らの目線に置き換えるということはいつも意識しました。そういう作業は、J2でも中高生を教えるのでも同じで、どこまで彼らの目線になれるか、日々挑戦しています。

　サッカーの場合は、チームでいい空気をつくれるかどうかがとても大事です。ミスに寛容すぎてはいけないので厳しく言う場面もありますが、選手が自分で考えてやってみたときにはポジティブな声かけをします。ミスはみんなで取り返せばいいという空気をつくり出せると、前向きに取り組めるようになる。空気を感じることがとても大事だと思います。

久保：とても参考になりました。

❗ 対話のためのポイント
「判断ミス」は糧になる

　岩政さんの『FOOTBALL INTELLIGENCE 相手を見てサッカーをする』という本を読んだとき、「この本は、サッカーを通じて、人間の話をした本だ」と感じ、興奮しました。

　本文をお読みいただければ伝わるように、岩政さんの「サッカーの話」は、保育の話に直結しています。

　「チームとしての原則」が、まず、ある。その上で、各自が行う「自分の判断」がある。「原則」に沿った上での「判断」であれば、たとえ判断ミスであっても責めない。そのミスを糧にして、本人が、自分で自分の判断力を磨いていく。

　しかし、「原則」通りの「判断」をミスなく行っているのに勝てないときがある。そういうときには「原則」に問題があるのではないかと考える。

　大事なことは「原則」と「判断」のどこに問題があるのかを見極めることだ。そう岩政さんは言います。

　以上をもとに、考えてみてください。みなさんの園で「原則」として共有されているものはありますか？　その「原則」は各自が行う「自分の判断」の基準として機能していますか？　逆に「自分の判断」を縛りすぎたものにはなっていませんか？　　　　（久保健太）

「組織論」から対話を考える②

「いる」だけで いい場

ゲスト：新澤克憲（就労継続支援B型事業所ハーモニー施設長）

新澤克憲

1960年広島県生まれ。1995年より、就労継続支援Ｂ型事業所ハーモニー施設長。精神保健福祉士、介護福祉士。東京学芸大学教育学部卒業後、デイケアの職員、塾講師、木工修業を経て現職。共著に『ソーシャルアート：障害のある人とアートで社会を変える』（学芸出版社）、『超・幻聴妄想かるた』（やっとこ）。

場からの要求水準の低さ、緩さ、素朴さがつくる雰囲気

青山：先日、ハーモニーの利用者が参加するミーティングを２回見せてもらいましたが、あの雰囲気がとてもおもしろかったんです。スタッフがその日の話し合いのテーマを言うと、だれかがぼそぼそっと話し出す。そのタイミングも絶対だれともぶつからないし、かなり間があって、その間をみんなが感じ取っている。ちょっと離れたところでご飯を食べている人やコーヒーを飲んでいる人にも絶妙な間合いで「○○さん、どう思う？」と投げかける。そういう空間を新澤さんはどんな意識でつくってきたのですか。

新澤：なんとなくできてきたんです。ハーモニーは無認可施設としてスタートしたのですが、最初は僕の得意だった木工などを活動の中心にしていました。法律が変わり、法内施設になると煩雑な事務仕事が忙しくなってきました。無駄を省こうと、会議は短く、パソコンで情報共有して効率化することで職員室にこもるのはやめるなどの工夫をしました。同時に、週１回は顔を合わせて、元気かどうか、大げさに言うと「生存確認」のミーティングを始めました。開始時間しか決まっていない緩いもので、それぞれの近況報告が中心です。

久保：利用者のミーティングなのですか。

新澤：そうです。参加者は多くて十数名。半分が寝たら今日はそろそろやめましょうかと（笑）。そんな緩さです。毎週同じ話をする人もいます。なかなか最初の一言が出ない人もいますが、参加者たちが長い沈黙に耐えられるのも、「ああ、あのいつもの話だな」って予想できるからで、みんな待っていたりします。

久保：見通しを共有しているわけですね。

青山：新澤さんの横に相馬さんという女性スタッフが立って、ふふふって笑いながら聞いていて、その雰囲気が良くて。素朴なんです。

新澤：彼女は、障害をもつ方の幻聴や妄想の話を聞いて、素直に反応する。福祉は専門外、地域づくりに関心のある人なので、素人っぽいのです。

青山：だからこそ話しやすさやフラットさが生まれるんですね。ただ聞いているだけ。それがすごくいいな。

新澤：ゲストで保健師や専門職が参加すると、お仕事モードで、「みなさん、ちゃんと寝てますか。お薬飲んでますか」とか野暮なことを「指導」したりするのでおもしろいです。

久保：僕には2歳と0歳の娘がいますが、娘たちを1人で長時間見ているときは、僕も相馬さんモードになっていますね。余計なことを考えずに、無になってしまうんです。「この子はいま、接触の欲求を抱いているからこの対応」とか考えないで、まずは抱いてみる。泣き止まなければ臨機応変に、感じながら、考える。子どももそれを望んでいて、結果として、欲求が充たされているだけなんです。

新澤：ハーモニーの職員は5名ですが、専門性とは違う視点から、場にかかわれるスタッフは貴重です。

それぞれの問題を敢えて可視化して、安心感をつくり出す

青山：お話を聞きながら、ハーモニーのミーティングを思い出していました。あそこにいるとスピードが落ちて、だんだん僕も眠くなってしまった。園の子どもたちのミーティングでも、村の寄り合いと同じで何回も同じ話をして、最後にはくたびれて眠くなって、境界線が消えて、場が溶ける。「そこにいる」という感覚になっていきます。

新澤：毎回ほぼあんな感じです。いつも

同じことが起きていると安心なのかもしれません。それと調子が悪い人は眠くなりにくいかもしれないです。何かに悩んでいたり、幻聴に苦しんでいる最中だったりすると、人は眠くはなりにくいかもしれません。

久保：くたびれて眠くなるというのは、「構え」が解除されていく感じですね。調子が悪い人はずっと解除されない感じでしょうか。

新澤：悩んでいると「構え」が解除されにくいのは確かです。お互いが見えないと、相手がイライラしているのは自分に関係あるのかなと勘繰ってしまって、不安になったりします。話してみて、「あの人は不調だけど、それは私の行動に苛立っているからではない」とわかってくると安心します。だから敢えて、お互いが見えるようにしています。

久保：見せようとするより、見えてしまうという感じなのでしょうか。

新澤：漏れてしまう感じ、ですね。

久保：居心地の悪い場所では、さあ見せなさいと言われているような気になります。解除されていく場所というのは、リラックスできる場所で、でこぼこが見えてくる感じですね。

新澤：組織が忙しくなると、それができ

なくなってしまいますね。

青山：初めて施設に来るときに鎧でガードされている状態から、それが「漏れちゃう」になっていくために、意識していることはありますか。

新澤：まずは、何もしなくていいよ、と伝えることです。ご飯を食べた後に皿だけ洗ってねと、ルールをなるべく減らし、場からの要求が少ない感じにしたいなとは思います。

青山：ご飯はとても重要ですね。

新澤：1日1食でもきちんと食べられたら元気でいてもらえます。活動に参加できなくても、まずは足を運んでもらうために「ご飯を食べに来たら」が最初の誘い文句です。

久保：「する」ことリストがたくさんあると、「いる」ことができなくなります。保育でも、質の高い保育のために「する」ことのオンパレードです。福祉でも同じでしょうか。

新澤：「する」ことをしていないと、「福祉サービス」として仕事をさぼっているように感じる人たちもいるようですね。

▍障害をもつ人や
▍子どもの感覚を信頼

青山：保育はいま、世間に保育の質をアピールしていって、保育の価値を喧伝しようという流れです。質が高いとされるレッジョ・エミリアのプロジェクトアプローチもおもしろいのですが、ともすると子どもが「～する」という動詞に追い込まれていく感じもします。そこでぼんやり座っている子どもはいるのだろうか。

新澤：「いる」が難しくなるんですね。

青山：何もやっていないのはダメなのか、と思ってしまいます。

新澤：何をやるにしろ、「頑張ることに価値がある」という考え方にも抵抗感があって、価値があるとかないとか、そういう物差しをもち込むことから遠ざかっていたいわけです。

青山：新澤さんたちを見ていて最初に思ったのは、明るさだったんです。シビアなことに直面することも多い。でも、結構笑いがあって、この明るさはどこからくるのだろうかと。

新澤：様々な原因があり、亡くなる人もいるので、生きているだけですでにＯＫで、それ以上の何かを求めなくてもいいかなとね。それでも、死を敗北と捉えると辛いので、生きていることプラス毎日をどうやって笑い飛ばすか、という文化はあると思います。普通のカウンセリン

グでは、個人情報があるから個室で話しますよね。だから、僕らが利用者の悩みの情報をミーティングの場でクロスさせていることをリスキーだと言う人もいます。でも、場の中でそれぞれがだんだん「これは話していい」「あの人の前では話さないでおこう」と気づいていきます。それぞれが集団の中での振る舞いを体得していくようです。

青山：子どもたちのミーティングも、他園から、うちではできないと言われることがあります。みんなが本音を言ってまとまりがつかなくなるのではないかと。

でも、子どもたちはそんなに安易ではない。むしろ、本音がぶつかり合うなかで、みんなで保っている感じがすごくあるのです。子どもたちは起きていることを言語化できなくても、全体の場を感じて、読み取っている。

久保：場を察知する能力は、健常者よりも、子どもやハーモニーの人たちのほうが長けていそうですね。

新澤：そうだと思います。

青山：ハーモニーが近所で本当に心強いです。ありがとうございました。

 対話のためのポイント
場への合気道

達人という言葉がぴったりくるような人です、新澤さんは。想像してもらうほかないのですが、ハーモニーのミーティングでの新澤さんの間合いがすごい。全員を包み込みつつも場への出入りを自由にし、掛け合いも生んでいく。それを「ははは」という笑いやちょっとした「間」やうなずきだけでやる。まるで合気道。人に対してではなく場に対して合気道している感じ。同じように見えて毎回微妙に違う場に、間合いだけで新しいものを立ち上がらせていく。そんなことできるのかって？　世の中にはいるんです、こういう人が。

新澤さんの「場への合気道」から組織論のアプローチを取り出すのはたぶん無理。笑いも間もうなずきも、テクニックであってテクニックではないのです。新澤さんのやわらかさも軽みもおかしみも、新澤さんの痛みと切り離せないのです。

「死は敗北ではない」と新澤さんは言います。いくつもの現場を超えてそういう言葉を獲得した人だけが出せる「間」があります。実践というのはむしろ衝撃として伝播されていくのではないでしょうか。だから何度でも繰り返しましょう。すげーよ、新澤さんは。

みなさんの周りに自分が真似してみたい！と思うような達人はいますか？　　（青山　誠）

3章 組織論についてのまとめ

群れと組織。情熱を癒やすのは?

青山 誠

　組織ってなんでしょうか。1人ではできないことがあると、人は寄り集まる。始まりは単にそれだけの気がします。ただこの本では保育の対話がテーマである以上、保育のチームや園組織というものを念頭に置いています。また個人的には園長という役職上、時には理想の組織みたいなものを布団の中で夢見ちゃったりもして。一人ひとりが生き生きと個性を発揮しつつ、チームとしてもまとまっている、しかも自分が指揮者のようにタクトをふっちゃったりして……もうこりゃ夢想としか言いようのないものですね。

　そもそも単に集まっただけの「群れ」と「組織」とでは何が違うのか。群れは無目的、組織には目的がある、なんて語られます。でもいくら無目的に集まった群れでも、結局は何かを目指してしまうこともあるし、次第に構造が生まれてしまうこともあります。反対に目的をもって集まった組織でも、いつだってだれかがその目的から逃れようともがいています。つまり群れは組織へと、組織は群れへといつでも変態しようとしているようです。

　自己分散型の組織モデルとして粘菌が挙げられますが、粘菌を運動体にするただ1つの動機は飢餓です。飢餓というた

った1つの要素への反応ということに粘菌は縛られています。これはちょうどムーミンパパが自由を求めて、ニョロニョロの後を追いかけ回したときのことに似ています。ムーミンパパはいつも世界を放浪するニョロニョロの「自由」に憧れ、彼らの後を追い続けるのですが、長い旅の果てにニョロニョロたちがただ1つの刺激、落雷を待って世界中を彷徨っていることに気がつくのです。自由に見えたニョロニョロの旅は、落雷という事象への欲求に縛られた移動だったのです。

　組織も同じかもしれません。組織の目的や理想、つまりは夢に取り憑かれています。人は、どうしたって人の夢想をニョロニョロや粘菌に付与せずにはいられないのであり、その動きや構造に自由や理想の組織を夢見ているのです。僕はそれを情熱と呼んでいいのか、飢餓と呼んでいいのかよくわからないのです。もっともそれは組織が組織である以上、必然かもしれません。ただ人は夢に憑かれるが、同時にまた夢に疲れるものです。人も組織も情熱的であらざるを得ないかもしれませんが、僕がいま興味あるのは、ではその情熱から人や組織を癒やしてくれるのはなんだろうということです。

4章

いま
受け継ぐべき
言葉
〜師匠との対話で見えてきた明日への課題

この章では青山、久保がそれぞれの「師匠」である柴田愛子さん、汐見稔幸さんと対談しています。なぜ先輩でも先生でも上司でもなく、「師匠」なのか。柴田さんや汐見さんに「師匠と呼んでいいか」と確認をとったわけでもないので、相手方からしたら嫌なのかもしれない。ただ仮にそうだとしても、師弟関係というのは弟子からの一方的な出会いであり、衝撃であり、恩恵なのだと、個人的には師匠との出会いを通して感じています。

（青山 誠）

「師匠との対話」のその前に

「腹八分目のコンセンサス」の ヒントを求め、師弟対談

対話は言葉と身体感覚の両方を使った営みです。「上下関係」はそのような対話の壁になっています。「師弟関係」にその壁を崩す手がかりがあるのではないかと考え、青山・久保の対話を経て、「師匠との対話」を申し込みました。

（久保健太）

対話において、身体感覚は重要な役割を果たします。「腹八分目のコンセンサス」はそのキーワードです。「師匠との対話」につながる箇所を連載から抜粋しますが、対話のヒントにもなるはずです。

改めて、対話について考える ～保育の場での 「腹八分目のコンセンサス」

青山：保育の職場で、対話の大切さや対話を通して同僚性を育むということが言われているけれど、僕としてはいまひとつしっくりこないのです。保育の場は子どももおとなも身体的に近いんです。生活だし、空間が濃い。例えば、散歩のときに「元気の素だよ」って子どもたちに飴を配ったのです。ゴミになった包み紙はこの袋に入れていいよって、飴がまだ残っている袋に入れていたら、同僚は「ちょっと、そこに入れないで！」と（笑）。どうでもいいことなんだけど、そこで互いの生活感の違いがぶつかり合って。

　保育の職場は相手を本気で嫌いになったら成り立たない場だし、明日も一緒に暮らさなくてはならないから、大事なことは徹底的に話し合うけれど、折り合わないままでいくこともあるのです。それ

ぞれのセンスで角突き合わせて相手を負かすことでうまくいく場ではない。でも腹五分目ではダメで、八分目までは徹底的に思いを出さないと、という気がします。腹八分目のコンセンサスですね。

久保：両方の言い分が解決される第3の道はないのでしょうか。

青山：あります。それをみんな対話と呼んでいると思う。でもそううまくはいかない場合が多い。センスを出し合ったけれど、行き詰まってしまったり……。子ども同士のけんかでも、自分の意見が相対化されてくると、感情が収まって「ごめんね」が出てきたりしますが、結局解決せずにお昼ご飯になってしまうこともあります。

久保：いろいろなアイデアやセンスが飛び交って密度がぐっと濃くなって、「疲れた」とほどけるときに、その時点でのベストなものがなんとなくチョイスされるような気もします。西洋から見ると日本の合意の仕方は妥協やなあなあに見えるかもしれないけれど、生活を共にしていくための知恵だったのではないかと。フルコンセンサスを目指すと、だれかが白、だれかが黒になってしまう。「息を合わせる」という言葉には、コンセンサスをつくるためにもコモンセンスを働か

せるという含蓄がありますが、青山さんのお話からそれを思い出しました。

青山：コンセンサスが腹八分目ということは、二分は残っているのですよ。一生懸命話し合うのだけれど、絶対にそんなすっきりはいかないというか、後から「でも……」となるじゃないですか。その二分が他者性だと思うのです。もし100％になったらユートピアだけれど、それはだれかが排除されるということでもありますよね。

久保：その二分は「開かれ性」でもありますね。なのに腹八分がいつしか十になり、決定事項になってしまったりするから難しい。

青山：この八分が成功事例になってしまうともっと怖いです。残り二分のいろいろな可能性があったのに、次の年は「去年はこうだったよね」となり、「ずっとこうしてきたじゃない」になって、最後はそれすらも語られなくなる。経験を重ねることでそんな危険は増えると思います。

▌濃い対話はなぜ成り立つ？

青山：保育はとても濃い関係性の中で行うものですが、週末の休みや卒園式など、日常に節目がくることで、煮詰まった部分をリセットできます。

久保：加えて、何かがあるような気がするんです。この青山さんとの対話もそうなのですが、いろいろ意見を出してみてみんなで鍋に具を入れて煮詰めていくような感じがあって。そういうことができる場合とできない場合があるのはなぜでしょう。

青山：とてもシンプルで、基本的には安心感があるんです。「りんごの木」の会議でも意見をたくさん戦わせたりしますが、「認められている感」はすごくあって場の空気を読む必要がない。褒められたこともないし、否定もされるけれど（笑）。

久保：意見が違っても、わかろうとしてくれているだろうという聞き手への信頼感や、聞き手と伝え手の対等性があるのでしょうね。

言葉を超えた対話
生きるということをかけた対話

拝啓　久保健太様

　保育の場における対話の場を模索、展望するという目的の下、久保さんと対話を続けてきました。その中で「お互いに腹八分目のコンセンサスがちょうどいい」という話が出ましたが、それは理想論に過ぎたかもしれません。

　「腹八分目のコンセンサス」は、連載の中で久保さんが確認されたように、お互いに主張を腹蔵なく言い合える関係を前提としています。言い合ううちに結果的に腹八分で収まるわけです。言い合えない関係、そもそも自分の意見を出せないような間柄では起こり得ない。

　しかし、多くの保育現場では、本音を言い合えない「上下関係」があります。「上」が決めたことを申し渡し、「下」が異を唱えようものならさらなる圧力をかけてねじ込む。結果、「下」は表面上同意する術だけに長けていく。こんな冷え切った上下関係が蔓延している保育業界で、腹八分目のコンセンサスというのは、絵に描いた餅のような気がしてきました。

　もちろん上下関係そのものを否定する気はありません。上下関係のない職場などあり得るでしょうか。要は、その質が問題で、上下関係があるから対話が成り立たないわけではないのです。また、上下関係と言ってもいろいろなパターンがあり得る。ここではその一例、師弟関係を取り上げます。

職場の上下関係の一例
師匠と弟子の関係

　僕の師匠はりんごの木の代表、柴田愛子さんです。師匠なんていうと大仰かもしれませんが、僕の中では愛子さんは社長でも大先輩でもなく、師匠という言い回しがぴったりとくる。裏を返せば、僕は愛子さんの弟子という認識を身の内にもっていることになります。

　師匠と弟子ですから、これは厳然たる上下関係です。この関係を端的に言うと、「惚れる—惚れられる」間柄。ここに対話がないかというと、そんなことはない。

　師匠側からすると惚れられていなければいけません。どれほど威張っていても、無理難題を言っても、「下」に惚れられるだけの実力や了見があればいいのです。惚れられるだけのものもないのに、プライドばかり高くて、下を威圧し、押さえ込み、削っている輩のなんと多いことか。むしろ、惚れられていないという自覚と焦燥がそうした態度をとらせているとも

言えます。

　愛子さんがどういう人かというと、自分の分のカレーパンがないと言って本気で泣きます。コロッケを取っておくとたいへん喜びます。そんな愛子さんと保育現場に立つとどういうことになるのか。

＊　＊　＊

青山：今日は子どもたちが来たら、こちらの部屋へ流して……。

柴田：いまの「流す」という言葉だけど、モノじゃないんだから、子どもに対して使わないでくれる？

＊　＊　＊

　また別のとき……。

＊　＊　＊

青山：（子どもたちに）今日はなんで集まってもらったかわかるかな。

柴田：その呼びかけは子どもたちに失礼。「明日ひま？」「ひま」「じゃ、映画行こう」とこう出られたら、断りづらいでしょう。「明日は空いていたら映画に行かない？」と誘いなさいよ。

＊　＊　＊

　カレーパンで泣かれようとも、保育という道において僕は愛子さんの力量に納得させられているわけです。こういうちょっとしたやり取り1つとっても。

　弟子からすると、師匠に惚れているわけです。しかしただ惚れているだけでは足りない。1つの道（ここでは保育）を通して師匠に惚れたわけです。その道の追求と、道の先を行く師匠への取っ組み合いなくして、何が師弟関係でしょうか。そうした研鑽を怠れば、それはもう単にファンです。弟子が師匠を頼みにするというのは、なんでもお伺いを立てて判断を仰ぐということではない。

　「先生とは一番星みたいな人」。俳優の米倉斉加年さんの言葉だそうです。師匠というのは暗闇の中で仰ぎ見る指針です。仰ぎ見ているだけではなく、一番星を虫網で取ろうとするような愚かしさが弟子のほうになければ、己の背丈なんて伸びません。いくら伸びたところで一番星には届かない。井の中の蛙である自分を確認するだけかもしれません。でも、そこから自分を創造する第一歩が始まるのだと思うのです。

　師弟関係も対話的な関係だと言えます。それは言葉を前提とした対話ではない。師匠の芸と姿勢とを受けて、では、自分はどう立っていくかという、言葉を超えた対話、生きるということをかけた対話なのです。

青山　誠

「やりたいこと」を追求している
人間の間に「対話」は生まれる

拝啓　青山 誠様

　青山さんからの手紙の中の、「弟子が師匠を頼みにするというのは、なんでもお伺いを立てて判断を仰ぐということではない」という一節。いいこと言うなあと、1人で唸ってしまいました。

　そうですよね。それは部下が上司にすることであって、弟子が師匠にすることではない。

　じゃあ、上司と師匠は何が違うんだろう、っていう具合に、青山さんと「師匠と弟子」について、もっと話をしたいのだけど、それよりも手紙の前半が気になってしまって。とくに、「こんな冷え切った上下関係が蔓延している保育業界」という言葉が。

　思い当たる園が、いくつかあります。そういった園は、僕の見る限り、保育者が、自分の「やりたいこと」をやってない。「やらなくちゃいけないこと」ばかり気にして、「やりたいこと」にフタをしている。

　そして、「やらなくちゃいけないこと」に秀でた人が「上」に立ち、「やらなくちゃいけないこと」をうまくできない「下」に圧力をかけています。

　「まいったなあ」。そういう園に行くたびに、僕はそう思います。たまにお邪魔する僕がそう思うくらいだから、本人たちは、本当に苦しいでしょうね。とくに「下」の人たちは。

　自分の本当にやりたいことをやる。いまの日本では、それがなかなか難しいから、「腹八分目のコンセンサス」も理想論になってしまいます。

　もちろん、やらなくちゃいけないことがあるのはわかる。だけど、順序が違う。「やりたいこと」をやるために「やらなくちゃいけないこと」が生じるのが順序であって、「やらなくちゃいけないこと」が先立って、「やりたいこと」をつぶしちゃいけない。

　そう思うんですけれど、それも理想論ですね。苦しいなあ。

師匠の姿に憧れて、惚れて
勝手に学ぶ

　やっぱり、柴田愛子さんの話をしましょう。そのほうが僕の気持ちも明るくなる。たぶん、愛子さんは、自分が本当に、心から「やりたいこと」をやっているんじゃないでしょうか。

　自分が本当に、心からやりたいことをやっている人は、人に教えている暇なん

てない。自分のやりたいことを追求することに一生懸命だから。だけど、周りが勝手に惚れてしまう。そういった人の姿ってかっこいいから。

「言葉」がかっこいいんじゃないんですよね。「姿」がかっこいいんです（青山さんは「芸と姿勢」と書いていましたね）。その姿に勝手に惚れる。

惚れるだけではなく、勝手に学んでしまう。僕が「教えようとはしないものからでも教わってしまう」と呼んでいる学びです。だけども、この学びが、この関係が成立するには、惚れる側にも資質がなくちゃいけないように思います。それは、惚れる側も「自分のやりたいことを追求している人間だ」ということではないでしょうか。

このあたりは青山さんも「その道の追求と、道の先を行く師匠への取っ組み合い」という言葉で書いていました。

「やりたいこと」の追求の先に「対話」は生まれる

失礼を承知で、けれど青山さんならわかってくれると思うので書きますが、この「取っ組み合い」も、弟子の「ひとり相撲」や自問自答の場合がほとんどのよ

うな気がする。

だって、愛子さんには、取っ組み合いに付き合っている暇がないから。

僕は、そんな2人の様子から「純粋贈与」という言葉を思い出しました。矢野智司さんという教育学者が「先生としての夏目漱石」や「宮沢賢治の文学」について論じた文章で用いている言葉です。

「何がなんだかよくわからないけれどすごいこと」とでも言えばいいのでしょうか。すごすぎて、「なるほど、そうか！」なんていう理解はできないのだけれど、「なんだかすごい」ということはわかる。そんな一撃を「純粋贈与」と呼ぶのですが、それを食らってしまったほうは、その正体を突き止めたくて、理解したくて、自問自答を繰り返し、自分なりの言葉や思考を編み出す。これが弟子の「ひとり相撲」、もとい「研鑽」です。

だとしたら、自分の「やりたいこと」を追求している人間の間に「対話」は生まれる——そう言ってもいいのではないでしょうか。なかなかかっこいい結論ですね。どうですか、青山さん。かっこよすぎるかな。

久保健太

師弟対談① 柴田愛子×青山 誠

人は育てるもんじゃない、育つもの

ゲスト：柴田愛子（りんごの木子どもクラブ代表）

青山が2018年3月まで所属していた、神奈川県・りんごの木子どもクラブ。その代表である柴田愛子さんと師弟対談を行いました。

「育てる人」「育てられる人」ではなく、開放することでそれぞれが育つ

青山：以前、愛子さんと保育者はどうやって学んでいくのだろうと話したとき、「人は育てるんじゃなくて、育つのよ」って言っていましたよね。それは、愛子さんの中でどのような感覚なのだろうと。今日は、そのことをテーマにお話をしたいと思うんです。

柴田：まず、「育てる」というと、主役は育てる側じゃない？　でも、「育つ」というのは本人の問題よね。「育てる」というと、他者が人を作為的に育てようとすることなんだけれど、そんなに人間うまくいくのかなって。他者が育てたいと思うように育つ人なんているのかなって思うのよ。

　まず、育てようと思うこと自体がおこがましいことじゃないかと、私は思っているの。でも、人が育つときに何が必要かと言えば、育つ土壌なのよね。だから

育つ環境、土壌、その周囲、言ってみれば「土」みたいなもの。それを豊かにすることが、その本人が育つことになるのだと思う。

　育てようと思って土壌を豊かにするのではなくて、自分が、私自身が育つためにいろいろなことを考えるわよね。それで、そのことが周囲にも及んで、周辺が共に育つというのであって。育てる人はそのまんまで、育てられる人だけすくすくと伸びていくなんてことはあり得ない。

　ところがね、その育つ土壌というのは、人によって違うんだよね。だから仮に私が育てる側の人間だとして、例えば私に10の要素があるとしたら、人によってその中のどれが育つ助けになるかはわからない。だから、親子関係も同じだと思うけれど、自分自身を開放し続けると言えばいいのかしら？　それぞれが開放し続けて、お互いに拾えるものを拾い続けていけばいいわけじゃない。

青山：うんうん、なるほど。これは前提としては、開放がないとダメなのですね？　開放し続ける……？

柴田：そう、けちな人はダメ（笑）。

青山：あははは。

柴田：自分だけ育とうとして、体の中に蓄えるようだと、周りも育たない。性格

柴田愛子

1948年東京都生まれ。私立幼稚園勤務、会社員などの経験を経て、1982年「子どもの心に添う」を基本姿勢とした「りんごの木子どもクラブ」を神奈川県で発足。代表を務める。著書に『あなたが自分らしく生きれば、子どもは幸せに育ちます：子育てに悩んでいるあなたへ』（小学館）、『こどものみかた　春夏秋冬』（福音館書店）ほか多数。

や気質はあると思うけれど、例えば保育だとしたら、だれかが子どもの育ちに感激しているのを見て、ああ、この人はこんなふうに感激したりするんだって思うことで、それを見ていた人が育ったりもするわけよね。そういうことを職員間で言い合ったりしないで、1人でほくそ笑んでいるのは、自分の中だけのことになってしまうよね。いろいろな要素を開示し合うことによって、お互いが育ち合っていけるのだと思うわ。

上の立場だからこそ謙虚であることが大切

青山：1つお聞きしたいのは、よくあるのは上司としては開放しているつもりだということです。愛子さんみたいな開放の仕方ではないけれど、発信はしているんだけれども、職員側は引っ込んでしまうということがよくありますよね。愛子さんの場合は、みんなが開放できるようにと意図しているのでしょうか？　よくあるのは、雰囲気づくりをしようと育てる側が開放することに、育てられる側が受け手になってしまうというか、閉じこもってしまいがちというか。そのあたり、どう思われますか？

柴田：そうね、それには評価をしないこととか、子どもたちのミーティングと同じで正解を出さないということとかかしらね。個々によって判断は違っていいのよね。

青山：それはすごくありますね。りんごの木でも個々によって、例えば「子どもが路上で遊んでいたら、何をやっているんだとおじさんに怒られた」とか、そういう話をみんなでしますよね。それがいいとか悪いとか言うのではなくて、「私だったらこうするね」とか「みんなだったらどうする？」とか。違いはあっていい。

柴田：そうだよね。だって一人ひとり違うんだから、違う対応しかできないと思わない？

青山：よく聞くのが、「園として対応を統一しないと子どもが混乱する」という意見ですが。

柴田：混乱しないよね？　だって、この社会だって統一感ないでしょう？

青山：本当にそうですね（笑）。

柴田：社会に統一感がないのに、どうして教育界や子育てだけが、整合性をはっきりとさせようとするのか、私にはわからないのよね。統一してしまうと、「生きている」って感じがしないじゃない。どれもこれも、多数派というのはあるかも

しれないけれど、正解というのはないのかもしれないと思うのよね。

青山：りんごの木で、愛子さんは年齢ももちろんみんなより上だし、経験もあるし、普通だったら、愛子さんの発言がみんなに強く響いて終わってしまうこともあると思うんですよね。でも結構、「ここでこんな面もある」「こういう面もある」って言うじゃないですか。それは意識しているのですか？

柴田：もともとそんなふうに思っていると思うんですよね。でもきっとね、無意識のうちに私が上に立っていることは山ほどあると思うのね。だから、同じように発言しても、私の意見が響いちゃうときはあるし、私に言われたら言い返せないという人もいると思うの。無意識にしていても、縦の関係ってあると思うのよ。ただ、それをよしとしているわけではないの、私。

子どももそうだけれど、弱者って強者をよく観察していると思うのね。図に乗ってしまうと薄っぺらい人間になってしまうじゃない？　でもだから、強者が弱者のことをどこまで読み取れるかということなんだと思う。自分だって横並びでいるつもりよ。でも、実際には縦になってしまっていることが山ほどある。その

ときに謙虚にならないと、いろんな意見が言い合えるような関係にはならないのね。

青山：それは、なんというのかな。いまの話は、子どもに対しても同じような関係性ですよね。おとなと子どもが対等だと言っていても、並んだら絶対におとなが強くなってしまう。例えば今日、階段の上のところで、1人で壁にもたれかかっている子どもがいたんです。あれはなんだろうなって。あれにも意味があるし、その前に何かあったんだろうなと。それからその子がどう動くかと、読み取ることが保育ではとても大事だし、おもしろいところでもあると思って。

保育の場での保育者の関係って、そのまま保育者と子どもの関係に、どこを向いてもなっているような気がしますね。

柴田：人間界って、おとな同士でも子ども同士でも親子でも同じだと思わない？

ひとりの人間という単位は同じじゃない？　だから、面倒な種分けをして考える必要はないのよね。

▍先人の背を見て育つ

青山：保育現場で上に立つ人、つまり硬い言葉で言うと人をマネジメントする人は、人を育てようとしがちですよね。愛

〈りんごの木子どもクラブ〉

1982年、設立。「子どもとつくる生活文化研究会（寺内定夫発起人）」のメンバーだった3人の元保育者により、子どもにかかわるトータルな仕事をする場として発足。「保育」（柴田愛子）、「造形教室」（市川雅美）、「あそびの時間」（中川ひろたか）をスタートさせた。現在、3か所の教室にスタッフが27人、それぞれの得意分野と夢を分け合って、3つの分野で活動中。

子さんの言うところの、自分を開放し続けるということが大前提としてあるのですが、これが結構みんな難しいというか、逃げているというか。だから、立場やマネジメントの技術を使って、自分ではないところから発信してしまう。

　人はだれしも考えたり、感じたりして生きているわけですよね。周りの人はそのどこであってもいいけれど、その中のどこかから拾っていく。だけど、10の要素があったら、10すべてを立派な表現として開放しなくてはならないということではないと思うのです。人柄とかそういうことを含めて正直に出せればいいけれど、なかなかドンと出すことはできないから、マネジメントの技法などに頼って

しまうのかもしれませんね。

柴田：ハウツーで育つ人なんていないわよ。銀行の窓口のようにきちんとこうやって挨拶しましょうと訓練すれば、人の受けはいいかもしれないけれど、人間性が感じられないわよね。

　あちこちで人が学ぶことについて言われているけれど、学ぶということは、人の姿を見てそこから学ぶんだよね。そう思わない？　例えば俳優だったら、声の出し方とかに、もちろんハウツーはある。けれど、そのハウツーだけで磨かれていくことはないわけよね。それよりも、その人が発する人間性とか人格とかを吸収して、そこから真似るということなんじゃないかしら？

青山：弱者・強者という話で言えば、愛子さんは常に周りから見られているわけですよね。弱者からすると強者の表情を読まないとならないから。見られていることに対する緊張はないんですか？

柴田：ない！

青山：あはは。

柴田：だから立派じゃなくていいのよ。親と同じよ。立派な親から立派な子どもが育つかといえばそうではなくて、瓢箪から駒みたいに、「この親からこの子が生まれたの？」ってなるわけじゃない？だから、もちろん親はかっこいいに越したことはないかもしれないけれど、実際にはみんながかっこいいんてあり得ないわけじゃない。だから上に立つ人が立

派だと下の人が立派になるわけではなくて、それはどうだっていいのよ。上が愚図でも立派な人は育つし、でも同じように愚図になるかもしれないしね。

　だって、おかしいよね。自分に対してこれが長所、これが欠点とかは思っていなくて、結構どの要素も私、好きだというか。もし、人から、そんなことでいいのかって言われたら、えへへへだよね。だって、私はそうなんだもん、って話だよね。

青山：そうか、だからみんな、欠点と思うから隠すのかな。隠すというか、「園長だから」とか「主任だから」とか、仮面をかぶるじゃないですか。

柴田：そうね、みんな仮面をかぶって仕事をしていたりするわよね。青山くんは仮面をかぶっている？

青山：え、かぶらないかな？

柴田：いつからかぶらなかったと思う？

青山：いつだろう？　もともとはかぶろうと思ってもうまくいかなかったんですね（笑）。人にできることが普通にできなくて。でもそれすら気づいていなかったんです。ある時期、ちゃんと保育をしなければならないという気持ちも強かったのですが、それはりんごの木に来て、愛子さんと出会って固い仮面は脱げた後で

も、緊張感も相まって、ちゃんと保育しなきゃっていうのはあったかと。その後、自分に任されるようになって、責任をもってやっていかなければならなくなったときに、結構ぴりぴりして、周りに確認をとったりしていたんですね。でもそれをみんながやってしまうと、最終的には逆効果なことがあって。周りに気を配ろうとぴりぴりしていると、結局自分が見落としてしまうんです。それよりも自然体でいたほうがいろいろなことが見えてくることに気がつきました。

「自然体」はつくるもの ～緊張感とのバランス

青山：愛子さんの話し方を聞いていて思ったのが、人によってかかわり方が違うということ。それがとても良くて。人によってタイミングも違えば、声かけの仕方も違う。僕がしようとしていることも、人から見たらそういうのはいらないとなれば、それは自分でやればいいわけで。別の人が違うことをやっていたらおもしろい展開になりますよね。保育は先が見えないということを自分がおもしろがれるようになってから、また少し自分が楽になりました。もちろん緊張はある程度

はしているんですけれどね。

柴田：緊張感はなくちゃね。ないと感度が鈍ってくるもの。バランスの問題だけれど、緊張感はあったほうがいい。だけど自然体がいい。

青山：僕は愛子さんや新澤誠治さんといった先輩方の姿を見てきたんですよね。やっぱり先を歩いている人を見て、かっこいいなと思って。実際の新澤さんの保育は見たことはないけれど、「心をそこに置く」とおっしゃっていたのを知って、本当に保育ってそれだけだなと思いました。自分はほかのことが気になってしまって、「心をそこに置く」ということが難しい場合もあるけれど、そこに心を置けたなら、細かいことはあまり気にならないのだろうと思います。

　いまこのタイミングで愛子さんにこういった話を聞きたかったのは、自分がこれからそういう役職に就いたときに、未経験のことだから肩に力が入ってしまいそうな気がしていたから。

　愛子さんを見ていると、その存在と、いまの立ち位置というのはすごく自然。でも、その立ち位置でしなければならないことも、ものすごくやっている気がするんですよね。和気藹々と保育者同士が語り合える職場はいいねと言いながら、

一方でキャビンアテンダントの例を挙げたりして、立ち居振る舞いとか、声の出し方を意識的にすることの大切さを語ったり。どんな声で話しているのか、響いているのか、朝、子どもたちに「おはよう」と言うときの声に意識的になってほしいって話したりしていましたね。

柴田：そうなのよね。だから、自然体というのは、野放図であっていいということではないのよね。きっと心地よい自然体は、つくるもの。だらけていることが快適ではないのよ。やっぱり気持ちいい風とか、気持ちいい空気を自分でつくっていくことが大事。そこは自分なりに背筋を真っすぐに伸ばしていたいって思うのよね。

青山：今日はとても大事なことを話せてよかったです。ありがとうございました。

対話のためのポイント
師匠との対話

　この対話をした時期はりんごの木を去って新しい職場で園長職に就く、その準備段階にありました。一緒に過ごしてきた時間の終わりが近いことをお互いに感じながらの対話でした。個人的には園長という、どう転んでも自分には不向きな職に就くことに対する大きな懸念を抱えていて、だからこそ愛子さんと話してみたいことがありました。いつもは保育の話。今回は「代表」としての愛子さん。愛子さんが「代表」というのをどう捉え、どう振る舞ってきたのか（りんごの木は園長というのを置かない）。

　対談の場所はりんごの木の和室。思えばここでたくさん愛子さんと話をしてきました。2人でセミナーに登壇するときの打ち合わせ、映像や本の企画、最後はいつもの調子で「まあ、始まっちゃえばなんとかなるか！」と終わるのでしたが、その時間はいつでも特別な時間でした。

　対談の中で愛子さんから「人を育てようなんておこがましい。自分がこの機会に成長してやるって思ってなくちゃダメよ」と言われました。この言葉をこれから何度も噛み締めていくんだろうなあ。師匠からの言葉はお守りのようなものなのです。

　みなさんの中で支えになっている言葉はありますか。もしあるならそれがどんな言葉なのか、なぜ支えになっているのか、職員同士で対話してみませんか。

（青山 誠）

師弟対談「こぼれ話」

青山：大きな宿題をもらった気もします。耳の痛い話もたくさんありました。

柴田：いやいや、まあ、育てようと思っている間は育たないから。

青山：うーん。そうかもしれないけれど、そうなると結構時間がかかりませんか？　土壌は、発信し続けること、自分も学び続けることで、みんなすぐに本音を言うものですか。ちょっとかかりますよね。

柴田：そうだけど、違うのよ。いまの発言の中にちょっとこぼれているものがある。それは、自分で育ってやるぞってことなのよ。

青山：ああ、自分が。

柴田：例えば、青山くんが今度環境が変わるけれど、「絶対何かをつかんでいくぞ！」とか「絶対世の中の園長とは違う園長になってやるぞ！」とかね。その中で「自分は育つぞ」と思うことが、知らない間に自分を外に向かって開放していくことになると思うよ。周りをどうこうしようと思っている間は、自分は開かないよ。

青山：冗談みたいな話だけれど、映画「スター・ウォーズ」でフォースという目に見えない力があって、その人の「気」だったり、そこから出てくるものだったりするんだけれど、「心をそこに置く」ということを突き詰めていくと、たぶん僕がそこにいただけで違う場になりますよね。だから、緊張はしているけれど、ここで不意にぽろんと自分を出してもいいという場面がある。

りんごの木では、愛子さんが講演や海外に行っていていないときでも、清浄な感じがするとみんなに言われているわけです。それは、僕は愛子さんの「気」なんだろうと思う。変な話ですけれどね。みんな、いなくてもどこかで感じているんじゃないですか。

愛子さんは細々としたことは気にしていない。みんなもこれやったらどう言われるかなと、びくびくしたりしてない。だけど、愛子さんがいないときでも愛子さんの「気」がわかるって、すごいなって思う。愛子さんがいないのに、どうしてみんないつもの保育をしているんだろうって思って。

柴田：ありがたい、ありがたいね。

青山：でも代わりに保育をしているというのとは違うんですよ。みんながお互いを大事に思っていると、シンプルに言えばそうなるのですが、新澤誠治さんが「心をそこに置く」と言ったときのその雰囲気で、この人の園はすごく良かったんだろうと感じたのと同じような感じなのです。

柴田：そうね、その家の空気や雰囲気って、お父さんじゃない？　いないのに一応いるのよ。誠治さんのところもそうだけれど、あのにこやかに座っている感じというの？

青山：たぶん座っているだけなんですよね。

柴田：座ってにこにこしているだけで、なんか子どもがここに来てね。それだけなのよね、なんでだろうね。

青山：具体的なことを積み重ねていこうと思って学んできたんですが、やっぱりロールモデルは愛子さんや新澤さんだったりするんです。その人たちがもっている存在感とでもいうのかな。それだけで周りが幸せそうじゃないですか。なんかかっこいいな、そういうふうになりたいなって。今日はいろいろな宿題をもらった気がします。

師弟対談② 汐見稔幸×久保健太

「教育」は必要なのか

ゲスト：汐見稔幸（東京大学名誉教授）

青山さんが保育の師匠である柴田愛子さんと対談を行ったように、私は学部時代からの指導教官である汐見先生と対談させていただきました。

戦後の教育の可能性と点数主義の教育のギャップの中で

久保：汐見先生とこうしてゆっくりと2人で話をさせていただくのも、ずいぶん久しぶりですね。

汐見：師弟関係というテーマですが、僕は久保くんと同じ東京大学教育学部の教育学の教室に、ちょっと先に行っていただけですから、師になれそうにないのです。でもね、同じ時代に久保くんが少しずつ保育の世界に近づいてきてくれたことで、保育をめぐって語り合うことができる。それはうれしいですね。僕自身が最近考えていることを久保くんに聞いてみる。この対談はそんな感じでいいんじゃないかと思います。

久保：よろしくお願いします。

汐見：僕が子どもだった戦後の1950年代というのは、教師が必死になって教育のあり方を模索していた時代であり、それが許された時代だったんですね。しかも、学校のほうが社会より1歩先に進んでいると信じられてもいました。

教師たちは「もう戦争は絶対にしない」とか「本当の民主主義を社会に伝えたい」といった夢をもっていたわけです。教育では目標や人間像をしっかりもつことが大事なのですが、個人の勝手な考えだけではいけない。だから、国民みんなが納得できる目標とは何かと、教師が子どもたちと語り合いつつ、その時代を担う人間になってくれたらという願いをもつ。そうすれば押し付けの度合いも減りますから、無理がないですよね。

僕はそういう50年代に教育を受け始めたから、教育はそんなに嫌なものではなかったわけです。だけど、60年代に進学校の高校に行くようになり、試験の点数で階層化していくような社会に疑問をもち始めて、それまでの教育への信頼とのギャップを感じたんですね。「こんなものは教育ではない」という思いがとても強くなりました。そして点数で社会への振り分けをすることに疑問をもち、人間の平等とはなんだろうと、ずっと悩み始めました。大学では宇宙工学を学びたかったのですが、自分がするべきなのは人間や社会のことを考えることではないかと思い直し、教育学部に進路変更するこ

汐見稔幸

東京大学名誉教授。白梅学園大学名誉学長。専門は教育学、育児学。臨床育児・保育研究会等、現場の保育者を中心とした研究会を複数主宰。山梨県北杜市にある保育者のための学びの場、ぐうたら村の村長も務める。編著に『保育のグランドデザインを描く』(ミネルヴァ書房)、『0・1・2歳児からのていねいな保育(全3巻)』(フレーベル館)ほか多数。

とにしたのです。

70年代の後半から全国の中学校が荒れ始めました。それで僕もいろいろと手伝ったのですが、なぜ荒れるのかということについては、だれもわからない。よくよく考えてみたところ、教師には「教育は良いもの」だという前提があって、教育を生徒たちは当然受け入れるものだという思い込みがあったのです。この教育は生徒が本当に求めているものかと問う姿勢が少なかったのですね。

教育学部では、教育を科学的なものにしようとして、心理学をベースにした発達心理学の研究などが行われて、「こうすると子どもはこうなる」というある種の理屈は見えるようにはなったのです。でも、それで教育がうまくいくようになったとは言えない。

60年代からの高度経済成長の結果、公害や環境破壊問題が深刻になり、科学は本当に人間を幸せにするのかというラディカルな問いが出てきました。当時は、科学技術の進歩で人間はもっと可能性を切り開いて豊かになれると信じられていたのです。やがて、先進国が発展途上国を支援しようとしたときに、一部の発展途上国の人々が「発展を押し付けるな」と言い始めたんですよね。効率的に早くできることが、人間の幸福につながるわけではないという考えともつながります。

「発展」は英語では development、人間の「発達」も development だよね。封建制から民主制になり、資本を流通させながら社会を発展させていくことと、近代的な合理主義を身につけて社会を運営していく、それが「近代化」だったけど、その社会の主体に人を育てていくことを「発達」と言っているのでは? という疑問も出てきました。そういった背景もあって、「発達」を錦の御旗にした教育学は出発点からして本当にそれでいいのかという疑問が出始めた時期に、僕自身は保育学のほうへと進んでいったのです。

「教育」は本当に必要か ～自分が自分を育てる

汐見：僕には、教えて育てるという意味での「教育」は必要なのかという思いがあります。いまの自分を見つめたとき、自分をここまで育ててきたものの中で、教育がどれだけの比重を占めているかと問うてみたんです。極論すると、いまある自分を育ててきたのは「自分」だと言いたいわけです。

個人的には、制度になった教育は上澄

みで、教育の根っこにあるのは人と人とのかかわりや本物の文化との出会いによる育ちだと思います。歴史的に見れば、優れた師を見つけ、その人に私淑してそこから学ぶということが「教育」の一般的な形ですよね。学ぼうという姿勢があれば、あらゆることから学べますが、とくに豊かな文化をもった先生や職人的な先達との出会いが大きい。

一方で、ある人や文化に影響を受けたとしても、それは決定的なものではなく、後で読んだ本や別の人、あるいは社会そのものとの出会いによってまた変わっていく。いわば自分の中で咀嚼が行われるわけです。学校での授業とか体験はそうした出会いの1つにすぎなくて、かなりが受験によってゆがめられた文化なので、子どもの人間形成つまり学びにどれだけ影響を与えているか、わからない。

いまの学校教育にも十分可能性がありますが、それでも多くは一流の影響力にはなっていないと思います。孔子や釈迦、キリストなどの周りには、彼らを師と仰ぎ、この人から学ぼうと思った人たちが集まってきた。そこから教育が始まるのですが、その当時の教育が最も本物だったのだと思います。そこから後は信者による教育ですから。本物というのは、そ

の人自身が、生きた時代とそのときの文化と必死になって格闘することで育つもので、明治維新のときの人材などもそうでしょう。だから、人を育てるのは多くの場合教師ではなくて、いかにその人が真剣にその時代、そのときの文化と向き合うかということだという思いがあります。教育というものが必要だとしてもそのモデルは師弟関係であって、集団対個ではなくて、基本は一対一。ある人からどんどん吸収していこうとする関係で、でも、教える側は「俺を超えろ、俺は教えない」とね。下手に教えれば亜流になってしまうから。教育をそう見るという考えもあっていいのではと思っています。

人間は、自分を自分で育てていくのだから、周りはそれがしやすい環境をつくってあげればいいということ。優れた文化と思われるものと子どもを出会わせてあげる、でも何が優れているかは子ども自身が決める。そういう意味で僕は、教育は「放牧」でいいと言ってきたのです。どれだけいい放牧場があるかどうかが決め手なんです。

久保：教育に対するアンビバレントな思いも含めて、とてもよくわかりました。僕の父が汐見先生と同じ年で、団塊の世代です。母親は小学校の教員だったので、

戦後教育学が目指してきた民主主義のある種のフィクションというか、大きな物語を描いて、そこに向けて一人ひとりの人間を良くしていくんだ、ひいては社会を良くしていくのだという、デューイが描いたようなモデルをもっていたように思います。いま思えば、父も母も頑張ってきたのでしょうね。団塊の世代がやってきた戦後の日本づくりについて、僕も思春期のある時期までは疑いをもっていませんでした。でも、ある時期から、なんと言えばいいのか、教師の善意や熱意が窮屈に感じられるようになりました。

汐見：わかるけど、それってあんたらの考えでしょう。善意を押し付けないでほしいと感じたのね。

久保：そういう世代なんですよね。そういう意味では教育を通じて人を幸せにしようとしてきた世代の努力も間近で見てきたのです。ただ、その人たちが僕に押し付けた窮屈さも身をもって感じました。だからこれはお世辞ではなく、大田堯先生注1と汐見先生がいてくださってよかったと思います。

「教わりたくないけれど学びたい」という気持ちで思春期を過ごしていました。でも、学ぼうとすると、教えたがりの人がしゃしゃり出てくる。すると、学ぶ意欲もしょげてくる。

汐見：僕の息子もそうだね。自分でやりたいのだろうね。

久保：僕も勉強は好きだったけれど、学校が好きなわけではありませんでした。だから、大学院に入って明確になったのは、教育学部にいたけれど学校教育がやりたいわけではなかったということでした。そこで学校外教育を勉強し始めました。汐見ゼミで道の研究をやりましたね。

汐見：いやあ、おもしろかったよ。未知の研究（笑）。

久保：ストリートの研究ですね(笑)。それで苦しんで修士課程を３年やりました。

汐見：だってモデルがないものね。最後のほうは見かねて、「論文風にするにはどうするの？」って聞きましたよね。

久保：それで妥協して政策史を書きました。そのときに、大田先生が書いた「野天の遊び場研究」とでも名付けられそうなエッセイを読んで、人間形成論がやりたかったことを自覚したのです。汐見先生がおっしゃるところの放牧です。そういう研究をされているのは、当時は大田先生と汐見先生しかいらっしゃらなかったんです。佐伯胖先生による、状況的学習論や正統的周辺参加など、学校以前のコミュニティにおける子どもたちの人間

注１：教育者。東京大学名誉教授。1918－2018年。

形成についての研究も紹介され始めたころです。

汐見：ピアジェらの認知的心理学を批判的に受け止めていた心理学者たちですね。

久保：はい、ジーン・レイヴとエティエンヌ・ウェンガーの研究を知って、自分がやりたかったのはこれだとおぼろげながらにわかってきました。20代後半だったのである程度自分1人で教育学の中で狩猟ができるようになっていましたが、20代前半では難しかったと思います。だから、いま僕と同じ思いでいる20代前半の学生にとっても、大田先生、汐見先生の文章はとても励みになると思います。

学びの可能性から周辺領域の学問分野との応答へ

久保：教育学部では制度化された教育を学ぶことも多いのですが、汐見先生が先ほどおっしゃった放牧モデルも師弟モデルも、制度の外で成立した学習モデルですね。

汐見：下手に制度化するとせっかくのすごい、という感動のようなものが死んでしまう。

久保：制度化すると「よくわからないけれどすごいものに出会って、そのすごさを自分の中では噛み砕けなくて」という学習が減りますね。

汐見：そうですね。心の深部に突き刺さって、あとでだんだんとわかってくるような学習が減りますね。

久保：僕が汐見先生に言われたことで強く印象に残っているのが「決着をつけないしんどさとどう付き合うか」という言葉です。大学院で道の研究をしているときでした。道は何かをするためのものではなく、なんでもできる場所で、井戸端会議をしてもいいし、夕涼みをしてもいいと。そういった場所があるから成立するような『ナナメの関係』があって、それは親や教師以外のおとなとの関係だったりするのですが、近代ではそういう場所をことごとくなくしてしまいました。

汐見：合理化であり、一義化だよね。

久保：一義化ですね。ここは通行のための場所ですと区分を設けて、ガードレールの内と外みたいな感じで分けてしまう。

汐見：人間の分けたい欲求って強いんだね。

久保：僕はおとなになってから、鈴木大拙を読んだのですが、大拙が「無分別知」という言葉で考えようとしていますね。汐見ゼミでは、大拙と同時代の西田幾多郎の『善の研究』や、三木清の『構想力

の論理』などを読んでいましたね。

汐見：戦前の思想をもう一度見直そうと思って、西田とかを読んでいたんだよ。

久保：福岡伸一さんが西田哲学の本注2を出しています。生命科学と哲学の対談でしたが、僕は保育学・教育学はあそこに応答しなければいけないんじゃないかと思っています。

汐見：読んだよ、おもしろかった。分けないことが大事なんだよね。分けたらもっとわからなくなってしまう。だから福岡さんの言う「動的平衡」なんだね。

久保：人間は分けないことに対する潜在的な恐怖があるのかも。だから自分が理解可能なものに矮小化したくなる。

汐見：人間、いろいろ経験すると、こうやるとうまくいくとか、いかないとか、先のために分けておくんだよね。分けっぱなしを悟性というんだけど、そこで止まっていることが多い。でも、赤ちゃんは悟性でも理性でも判断しないし、もっと生物的ではないだろうか。人間も、最も根っこのところ、命の世界はきれいには分かれていない。分けないからこそおもしろさなどは丸ごとなんだよね、その丸ごとのおもしろさを一生懸命求めるような本能がある。生命的につながったものを分けないで感じる。長じるとどうし

ても分けるんだけれど、分けない世界に戻ろうとしないと。

久保：それは、分けている世界と分けていない世界を行き来するということですね。学びにはカオス（無秩序）の世界に分別をつけて、コスモス（秩序）をつくっていくという側面がありますよね。だから人間は究極的には分別と無分別の間を行き来しているだけではないか。子どもって、気がついたらいつの間にか無分別の世界に飲み込まれてしまって、没頭しているんですよね。僕も5歳までの「世界に飲み込まれた感じ」が土台にあります。その後、文字を知ってあのときに垣間見た世界の実相をもう一度確かめ直してみようって。それだけです。

汐見：言葉を身につけるということには、分けてわかろうとすることを助ける面がありますよね。事実と切り離された抽象度の高い言葉を身につけると余計そうなる。学問するって、そういうことを進めるんだよね。もしかしたら、赤ちゃんのときに世界を見て、全体を感じてしまったのかもしれないよ。それをおとなになって、個別に分けて調べていっているだけ？

久保：そう、文字にして、数にして。

汐見：僕は遊びってなんだろうと、ずっ

注2：『福岡伸一、西田哲学を読む─生命をめぐる思索の旅』（明石書店）

と考えていますね。心理学的に遊びを分類しても遊びの、そして人間のおもしろさは見えてこない。子どもの遊びは、混沌とした世界の中で、こうすればきれいな秩序になるというものを見つけて、カオスの世界から上手にコスモスを紡ぎだしていくことがおもしろくてやっている面が強い。それは、僕たちが学問と言っているものとまったく同じだよね。

わかったつもりになっていたら学者はつまらない。教育学もそうで、やっぱり人間ってわからない、となるほうが教育学の本来の姿であってほしい。そういう意味で、久保くんが言ったように、カオスの部分を分けてコスモスを見つけ出しても、知れば知るほどやっぱりカオスなんだなって。そういうことがたぶん福岡さんはわかっているんですよね。

学びの主体性 アクティブラーニングから パッシブラーニングへ

久保：木村敏は、中動態の哲学で、「見る」でも「見られる」でもなく、「見える」というモードについて述べています。

汐見：ぼーっとしていると入ってくる。

久保：その受容体としての人間という人間観が、乳児を適切に説明できるのではないかと思います。乳児は能動性ではなく、中動性を磨いていると思うんです。保育では感性を豊かにすると言いますが、みずから能動的にならなくても、入ってくるものをキャッチする際に発揮される主体性です。そういったことをほかの学問が言い始めていて、保育学がきちんと応答しなければならないと思います。

汐見：アクティブラーニングはよいけど、僕は、本当はパッシブ（受容的）ラーニングも大事だと思っています。

久保：キャッチするほうが……。

汐見：そう、パッシブのほうが人間にとってもおもしろい時代でね。教育はアクティブに人間の中のものを出していこうとするけれど、実はその何億倍も人間は様々なものから受け取っているわけです。僕はパッションという言葉に興味をもったことがあって、ふだん「情熱」という意味で使われるけれど、パッションの語源は「受動」です。それでどうして「情熱」なのかと調べたら、「受難曲」のことを "Appassionata" アパショナータというんです。キリストが捕まって処刑されるまでを歌にしたものですが、キリストの受難を共に受ける、自分が難を同じように受け止めていくという意味での「情

熱」なのね。受難することを受容するという能動性ができれば、人間はたぶんつまらない方向にはいかないだろうと思って。

　実は中動態は、座禅が目指しているものと近いと思っています。仏教でも、言葉以前に戻ることを重視しているのですよね。

久保：パッシブラーニングをきちんと考えないと、人間の可能性を損ねてしまうかもしれません。先立つインプレッション（印象を受け取ること）がないと、エクスプレッション（表現）にならない。

汐見：そう、インプレッションが大事。パッシブのほうが脳で言うと、生命の根っこに入っていって、それは言葉にならない世界、言葉では一部しか言えない。

久保：そうした人間観を説明してくれるのが、生命科学や哲学、人類学なんですよね。

汐見：保育学者だけでなく、脳科学者、生命学者、哲学者、人類学者などが一緒に保育を考えていく社会にしたいですね。

久保：今日はありがとうございました。

 対話のためのポイント
身体感覚が開かれ、動いている

　こうして文字に起こすと汐見先生も私も、非常に饒舌に語っているように見えますが、実際に、汐見先生と対話していると、沈黙の時間が多いのです。

　その沈黙はまったく不快なものではなくて、むしろ心地いいのです。

　対話とは言葉でするものだと思いがちですが、お互いの姿を通して対話するということも十分あり得るのかもしれません。

　姿を通して対話するとき、そこに言葉の行き来はありませんが、身体感覚の行き来はあります。そして、言葉を通じて対話するとき以上に、身体感覚は開かれ、動いているように思います。

　本章の冒頭に、対話とは言葉だけでするものではなく、身体感覚を用いてするものだと書きました。師匠と弟子との対話とは、その最たるものかもしれません。

　そう言えば、青山さんとの対話も、汐見先生との対話と同じく、沈黙が多めです。正確に言うと、盛り上がっては沈黙し、沈黙していたのにいつの間にか盛り上がる。その繰り返しです。みなさんにもそのような対話をする相手がいませんか？　そのとき、言葉と同じくらい身体感覚が開かれ、動いていませんか？

（久保健太）

4章 まとめ

弟子は師匠を通してみずからを創造する

青山 誠

　師匠というのは弟子にとって別格であって、そういう人をもてた幸福は余りあるものがあります。でもそれは決してのほほんとした幸福ではなく、心に真水をかけるような、いつでもぴりりっとしたもの。

　本には収録されていませんが、対話をしながら、そういえば自分は愛子さんに自分の保育の悩みを相談したことなかったなとふと思いました。自分にはどうもそういう発想すらなかった。ほかの話はたくさんするのに。愛子さんに保育の相談？　思いつきもしなかった。もちろん愛子さんが聞きづらい人だということはありません。何か相談したら親身になって聞いてくれる人です。それでも愛子さんに保育の悩みを聞いてもらおうなんて、自分にとっては思いもよらないことでした。なぜだろうと自問してみると、思えば僕はいつでも愛子さんの言動から必死に何かを聞き取ろう、つかみ取ろうとしてきました。愛子さんという存在は僕にとってはこちらが耳を澄まし、解釈をする存在であって、決して自分の悩みを相談するような人ではなかったのです。

　久保×汐見さん、青山×愛子さんとの対話はいたるところで呼応しています。例えば久保×汐見さん対談での、教育の根っこにあるのは人と人とのかかわりによる育ちであり、自分は人から影響を受けてきたけれど、自分を育ててきたのは、この人の影響を受けたいと決めた自分。ある意味、教育は一対一の師弟関係がモデル、といった汐見さんの発言。師弟関係について久保×青山で往復書簡形式でやり取りした中では、"師匠とは一番星みたいな人、その一番星を虫網で取ろうとする愚かしさが弟子のほうになければダメ""師弟関係は純粋な贈与"というような言葉があります。

　弟子からすれば必死に師匠の言動を解釈しようとします。これは決して受動的な姿勢ではありません。耳を澄まして声を拾い、それを自己に活かそうとするとき、それを生きているのは弟子である自分です。だれの声に耳を澄ますか決めるのも自分。弟子は師匠を通して自分を創造していくのです。師匠のほうはふいにひょんなことからだれかの師匠にされてしまうだけ。それが幸運なのか迷惑なのか、おそらく汐見さんも愛子さんも「知ったこっちゃない」と答えるでしょう。それぞれやりたいことで目一杯、後に続く人を振り返る余裕なんてないくらい楽しそうですから。

5章

なぜ
対話なのか
〜「察すること」と
「主張すること」の連動へ

相手を尊重し、受け止め、応答することは大事です。しかし、
自分が尊重され、受け止められ、応答されることも大事です。
人間は、相手本位と自分本位の間で葛藤します。その葛藤を
解決したくて、チーム論の本を読むのだとも思います。しか
し、この本は、解決策を出すよりも、「葛藤自体が人間を育
てるのですよ。解決は難しいかもしれません。辛いだろうけ
ど、一緒に葛藤しましょう」という先人たちのメッセージを
紹介して結びにしたいと思います。　　　　　　（久保健太）

「察すること」と「主張すること」の連動へ

世界をどうするか

次の世代への責任を果たすためにも「世界がどうなるか」ではなく、「世界をどうするか」を考えたいと思います。世界では「察すること」と「主張すること」との連動を1つの人格の中で果たしている方々が活躍しています。私は、世界のそうした「健康さ」に活路を見出しています。

（執筆：久保健太）

最近、「世界をどうするか」ということをよく考えます。「世界がどうなるか」ではなく、「世界をどうするか」です。これは、まだご健在だったころの大田堯先生に「『これからの日本がどうなるか』を考えるのではなく、『これからの日本をどうするか』を考えましょう。私たち一人ひとりの人間が、この社会の担い手である市民なんですから」と、おっしゃっていただいたこととかかわっています。

子どもを育てる上での悩み
～コロナ禍の中で～

私はいま、2020年6月17日に、この文章を書いています。新型コロナウイルスの感染拡大を防ぐための生活が、和らぎつつも、続いています。授業も、会議も、研修もリモート。そういった状況の中で、思わず「これから、どうなるんだろう」と考えてしまいます。そして、「あ、また、『どうなるんだろう』と考えてしまった」と気づき、大田先生の声を思い出しながら「これからの日本をどうしていけばいいんだろう」と考え直します。

そうして、日本のことを考えていると、気がついたら、いつのまにか、世界の国の人たちの顔や声を思い浮かべています。

それは、ここ数年の間に訪れた、スウェーデンとハンガリーの保育園で出会った人たちの顔や声であったり、若いころに滞在した様々な国の、様々な人たちの顔や声であったりといった具合です。

様々な国の、様々な人たちの顔や声を思い浮かべながら、「これからの世界で、日本はどうなっていくのだろう」と考え、いささかの不安にさいなまれます。

それは、私に3人の子どもがいることと無関係ではないと思います。ふだん人前で、「これからの子育て」について語ることが多いくせに、私自身、人一倍「これからの子育て」に悩んでいるのです。

中空構造論が示す
希望の糸口

悩みながらも希望を感じています。その希望は、毎月の勉強会を続けている仲間たちの姿や、授業を共にする学生たちの姿、そして、家族一人ひとりの姿、さらには、これまで勉強してきた様々な理論に支えられています。

私の希望を支えてくれる理論の1つが、河合隼雄さんが遺した中空構造論という日本論です。河合さんは、『中空構造日本の深層』（中公文庫）という本の中で、日

本文化には中空構造という深層心理があることを述べています。

　中空構造について説明するためには、父性原理と母性原理について説明しなくてはいけません。父性原理は、全体（みんな）を個（一人ひとり）へと「切断する機能」をもちます。みんなでやらなくちゃいけないことはわかっている。だけど、ここはわがままを言わせてほしい。責任は、全部、自分で引き受ける。そんな覚悟もある。だから、1人でやらせてほしい。そんなとき、背中を押してくれるのは父性原理です。

　逆に、1人でやるよりも、みんなと一緒にやりたい。1人だと不安。だから、甘えさせてほしい。そうしたとき、包み込んでくれるのは母性原理です。母性原理は、個（一人ひとり）を全体（みんな）へと「融合する機能」をもちます。

　父性原理と母性原理のどちらかが優れていて、どちらかが劣っているということではありません。両者の良さを引き出しながら、両者を連動させて、物事を進めることができるはずです。つまり、メンバーの連動による活力を保ちつつ（母性原理）、一人ひとりが存分に「らしさ」を発揮することができるはずです（父性原理）。そのように考えて、河合さんは父

性原理と母性原理の連動の可能性を探り、『古事記』から、父性原理と母性原理との連動を成り立たせている構造として、中空構造を見出します。

　『古事記』には、女性神アマテラスと男性神スサノオが登場します。それぞれが母性原理と父性原理を発揮しながら、しかし、両者が完全に対立することはなく、時にはアマテラスが父性原理を発揮しつつ、逆に、スサノオが母性原理を発揮するときもありつつ、物語が進みます。

　相反するはずのものが、完全に対立することなく、主導権を交替させながら、物事を進めていく。そのような姿に、河合さんは日本文化の深い知恵を見ます。そして、交替構造を可能にしている存在として見出されたのが、アマテラスとスサノオの姉弟に挟まれた第二子であるツクヨミです。姉であるアマテラス、弟であるスサノオに比べて、ツクヨミの知名度は圧倒的に低い。しかし、アマテラスとスサノオが、互いの「らしさ」を保ちつつ、互いが互いを引きずるようにして物事を進めていく際に、鍵を握る存在が、「中空」を担うツクヨミなのです。その点を見抜いた河合さんは、「日本の神話においては、何かの原理が中心を占めるということはなく、それは中空のまわりを

巡回している」と指摘しています。

葛藤を経た心理的な活きの良さと世界の健康さ

　私は、この中空構造論を知ったとき、いままで出会ってきた様々な人の顔や声を思い出しました。そして、希望をもちました。「日本人は察することが得意だ」ということをおっしゃる人がいますが、私は、それを日本人だけに限られたこととは思いません。私は、幸いにも「察すること」と「主張すること」との連動を１つの人格の中で果たしている方々と出会ってきました。様々な国籍の方がいました。そうした人格に出会うたび、深い感銘を受けてきました。そして、世界には、そうした方々が活躍する「健康さ」があるのだと思い至り、そこに希望を見出してきました。河合さんの中空構造論は、私にそうした希望を思い出させてくれるものでした（私は「察する」に母性原理を、「主張する」に父性原理を見出し、自分が出会ってきた人々の顔や声を思い出したのです）。

　それと同時に、子どもたちの中にも、人格の種があるのだから、私は、その種が開花するような環境をしっかりつくっておいてやりたい、とも思いました。

　こうした思いは、エリク・H・エリクソンの思想を学んだことで、さらに深まりました。エリクソンは『アイデンティティとライフサイクル』（日本語版、誠信書房）の中で、「健康さ」を「心理的な活きのよさ」と言い換えながら、次のように述べています。

　「人が心理的に活きのよさを保つためには、絶え間なく葛藤（を引き受け、その葛藤）を解決し続ける必要がある」

　エリクソンがここで述べる境地、すなわち「葛藤」を「心理的な活きのよさ」の原動力にしていくという境地は、私には、到底及ばない境地ですが、大田先生をはじめとした方々は、その人の国籍にかかわらず、そのような生き様を私に見せてくださいました。「察すること」と「主張すること」の（葛藤の先にある）連動は、そのような境地において果たされるものだとも思います。

　そして、世界は、そのような境地に至った人物が活躍するような健康さを保っています。そこに希望があります。だからこそ、私は、そうした人間へと子どもたちを育てておいてやりたいと思うのです。その点とかかわって、日本保育学会の会報が「保育新時代への挑戦」という

特集を組んだ際に「新時代になろうとも変わらないこと」と題した小文を書かせてもらったことがあります。以下、再掲しますが、ここまでの文体とは異なる文体で書かれた文章です。独立した文章としてお読みいただければ幸いです。

新時代になろうとも変わらないもの

　学びとは、たんに知識を覚えることではなくて、葛藤を通じて、自分の生き方をみずから選ぶことだ。

　自分の生き方をみずから選ぶとき、人は必死になって目の前にある現実を理解しようとしたり、情報を収集しようとしたりする。現実に対処するための手立てを編み出したりもする。そうすると、気がついたら、いつの間にか、知識が増え、技術が身についている。そこに学びがある。私は、この思想を大田堯や、エリク・H・エリクソンから学んだ。

　人間は葛藤するということ。その葛藤が自分という人間を磨く機会になるということ。そこに、みずから選ぶこと、すなわち自己決定が深くかかわっていること。「新時代」になろうとも、それだけは変わらない。

　だとしたら、次の世代の人間たちを、葛藤のできる人間へと、また、葛藤を通じた自己決定をできる人間へと、育てておいてやりたい。

　葛藤を通じた自己決定と、そこに生じる学びを、大田は「ちがう」「かかわる」「かわる」の三語に凝縮させて論じた。「ちがう」もの同士が「かかわる」ことでみずから「かわる」。これが大田の学習論のエッセンスである。

　これからの時代には、人間は一人ひとり「ちがう」のだという大前提を、どこまで社会の常識に出来るのかが問われているように思う。その点について、先日、山竹伸二氏注と話した内容がかかわっているように思うので、その概要を、ここに記しておく。

　山竹氏はとても丁寧な方なのだが、その彼から見ても、最近の人間関係のつくり方は丁寧すぎるように感じるという。私も強く共感した。

　人間は壊れやすい存在だが、同時に、丈夫さも備えた存在である。しかし人間を「壊れやすいもの」としてばかり扱ってしまうと「丈夫さ」を備えた人間であっても、本当に壊れやすくなってしまう。

　それは人間関係も同様で、壊れやすいものとして扱ってばかりいると、本当に

注：心理学研究家、著述家、評論家。1965−。

77

壊れやすくなってしまう。くわえて、人間関係を壊すということが起きないものだから、人間関係をつくり直すということも起きない。

結果として「壊れても大丈夫」「壊れてもつくり直せばいい」という丈夫さはしぼみ、「壊れたら戻らない」という不安だけが膨らむ。山竹氏とはそんな話をした。

人間には共振の欲求と、自己発揮の欲求の両方がある。共振ばかりを大事にして、どうしても窮屈になったら、自己発揮をすればいい。その結果、共振が壊れたとしても、もう一度つくり直せばいい。

それが「ちがう」もの同士が「かかわる」ということである。そこには共振欲求と自己発揮欲求との間での葛藤があり、共振と自己発揮の繰り返しがある。その葛藤の繰り返しの中で、共振と自己発揮を両立させるための手立てを編み出し、身につける。そうして、自分という人間を丈夫にし、人間関係を丈夫にしていく。それが「かわる」ということである。

人間がもつ共振欲求と自己発揮欲求を、エリクソンは「相互性 mutuality」と「自己決定 autonomy」という言葉で汲み取ろうとした。その両欲求の間で生じる葛藤に、大田は学びを見ようとした。私は、その伝統を継いで、研究に協力してくれる方々

とともに、今の時代の人間の姿から、人間の葛藤と学びを描くことに挑んでいる。

備忘録として ～壊れてもつくり直せる 「丈夫な組織」へ

この小文は、青山さんとの連載の真っ只中で書いた文章です。

青山さんとは「察すること」と「主張すること」との葛藤について（連動以前に）、一人ひとりが「ちがう」のだという大前提について、「壊れてもつくり直せばいい」という丈夫さについて、考え続けてきたように思います。どのテーマも、簡単には答えが出ないテーマです。居心地が悪くなってくるようなテーマです。だから、忘れていいのだと思います。ただし、心の中にそのテーマを抱えていると「心理的な活きのよさ」に近づける。そんなテーマだとも思います。

この本は、忘れた何かを思い出すときに使うのがいいのだと思います。ですので、私も、忘れたくないことを書かせていただきました。自分自身、本書に登場していただいた方々の言葉を読み返しながら、自分の生き方を、ときおり確認することになるのだろうと思っています。

おわりに

　小さなテーブルが1つある。そこに久保健太さんと僕とで座っている。毎回ゲストがふらりと僕らと共に座についてくれます。何も載っていない皿、お湯だけがぐつぐつ煮えている鍋、僕らは食事にとりかかります。手に持っているのは時にはナイフとフォークだったり、箸だったり、時にはトングだったり。さて食べ始める。ゲストによって、口に運んだときの味や食感は様々だし、何ができあがりつつあるのかも定かではない。たまに久保さんと僕とで顔を見合わせる。これ辛すぎない？　ちょっと塩多めだね……。じゃあ水を足そうと久保さんが急に水を足す。いやもっと沸かそうよと僕がカセットコンロのつまみをひねる。藁も入れるといいですよ、と唐突にゲストの方が言う。「藁？」「え、あのわらですか？」と久保さんと僕が言う。「おいしいんですよ、藁」と平然とゲストが言う。

　たくさんのゲストの方と対話してきた時間を、こんな風景を重ね合わせながら振り返っています。ゲストをお呼びして僕と久保健太さんとで対話する。形としてはシンプルなのに、毎回味や食感は驚くほどに様々でした。そもそも僕や久保さんだって、その時々の状況や相手への構えによって一定ではなく、ある意味変数としてそこに存在していました。ただ1つ変わらなかったのは、久保健太さんに対する僕の信頼で、じゃあ何を信頼していたかといえば、きっと久保健太さんはわからないことをわからないままに保存して、おもしろがってくれるだろうということです。

　わからないってもやもやします。わからないでいる自分がしんどいときもあります。なぜか腹が立つときさえあります。でも同時に「なんだこりゃ」という興味の熱量も増していきます。でも面倒くさいです。わからないことって。いちばん簡単なのはわかったつもりで判断を下してしまうことです。颯爽としているようにも見えますね。でもつまらない「颯爽」です。

　久保健太さんならこのわからなさに一緒に耐えながら、おもしろがってくれるんだろうと思った次第です。そしてその信頼はたくさんの対話を通して一度も裏切られることはありませんでした。

2020年8月　　　　　　　　　　　　　　　　　　青山 誠

編著者 ― 青山 誠（あおやま まこと）

1976年東京都生まれ。保育者。社会福祉法人東香会上町しぜんの国保育園園長。保育の傍ら、執筆活動を行う。第46回「わたしの保育〜保育エッセイ・実践記録コンクール」大賞受賞。著書に『あなたも保育者になれる』（小学館）、共著に『子どもたちのミーティング〜りんごの木の保育実践から』（りんごの木）、『言葉の指導法』（玉川大学出版部）。関東学院大学、田園調布学園大学にて非常勤講師。

久保健太（くぼ けんた）

1978年三重県生まれ、埼玉県育ち。「ゆったりとした生活」が人間の成長において担う意味が、一貫した研究テーマ。道を「ゆったりとした生活」の場として回復させたいと思っている。現在は関東学院大学の教員をしながら、市民、学校教員、保育現場、一般企業のみなさんとの勉強会を続けている。共編著に『保育のグランドデザインを描く』（ミネルヴァ書房）、『育ちあいの場づくり論』（ひとなる書房）、『子ども・子育て支援と社会づくり』（ぎょうせい）など。

表紙・本文イラスト ‐ 山 奈央

写真・編集協力(P31-35) ‐ 渡辺 悟

校正 ‐ 鷗来堂

保育ナビブック
対話でほぐす　対話でつくる
明日からの保育チームづくり
2020年11月12日　初版第1刷発行

編著者　青山 誠　久保健太
発行者　飯田聡彦
発行所　株式会社フレーベル館
　　　　〒113-8611 東京都文京区本駒込6-14-9
電　話　営業：03-5395-6613　編集：03-5395-6604
振　替　00190-2-19640
印刷所　株式会社リーブルテック

表紙・本文デザイン　blueJam inc.（茂木弘一郎）